청년 문해력 UP

당신의 가능성을 열어줄
4가지 L-CODE

청년 문해력 UP

이화영 지음

프로 일잘러로 성장하기 위한 가장 강력한 무기

『청년 문해력 UP』은 단순히 이론을 소개하는 책이 아닙니다. 여러분이 직접 진단하고, 실습하고, 성장의 루틴을 설계할 수 있도록 문해력을 '내 삶의 언어'로 바꾸는 실천형 가이드북입니다.

좋은땅

프롤로그

청년 문해력, 당신의 가능성을 여는 열쇠

나를 표현하는 말 한마디, 나를 바꾸는 루틴 하나가 필요했습니다.

"하고 싶은 말은 있는데, 어떻게 말해야 할지 모르겠어요."
"보고서를 쓰다 보면 어디서부터 손대야 할지 막막해요."
"면접에서 '한마디'를 잘못 해서 기회를 놓쳤어요."

청년들과 상담하거나 강의할 때 가장 자주 듣는 이야기입니다. 사실, 저 역시 그랬습니다. 머릿속에는 많은 생각이 있는데, 그걸 정리해서 말하거나, 글로 표현하는 건 너무 어렵게 느껴졌습니다. 그때 제가 놓치고 있던 건 '생각하는 힘'과 '전달하는 힘'을 연결해 주는 문해력이었습니다.

문해력이라고 하면 흔히 책을 많이 읽는 능력을 떠올립니다. 하지만 이 책에서 말하는 문해력은 훨씬 더 실용적이고, 현실적입니다. 어떤 말을 먼저 꺼낼지 고민되는 순간, 주어진 지시를 이해하지 못해 엉뚱한 결과를 낼 때, 누군가의 말이 나를 스치고 지나가는 게 아니라 정확히 받아들여지고 반응되길 바랄 때 필요한 것은 단순한 '언어 감각'이 아니라 읽고, 쓰고, 말하는 일상의 루틴 속에 녹아든 문해력입니다.

이 책은 그런 작은 순간들의 변화에서 시작됐습니다. 하루에 단 3줄을 정리하는 루틴, 메일 제목을 바꿔 보는 훈련, 면접 질문에 논리적으로 답하는 구조를 연습하는 것. 이 모든 작고 현실적인 행동들이 "생각은 많은데, 표현이 안 되는" 청년들에게 자기 신뢰를 회복하게 해 주는 문해력 루틴이 될 수 있습니다.

『청년 문해력 UP』은 단순히 이론을 소개하는 책이 아닙니다. 여러분이 직접 진단하고, 실습하고, 성장의 루틴을 설계할 수 있도록 문해력을 '내 삶의 언어'로 바꾸는 실천형 가이드북입니다.

1부에서는 디지털 시대를 살아가는 청년을 위한 문해력의 기본기를 다루고,
2부에서는 자소서, 채용 정보, 면접 대응 등 '취업 실전'을 위한 전략을,
3부에서는 직장 생활에서 꼭 필요한 비즈니스 문해력의 기술을,
4부에서는 나만의 문해력 루틴을 설정하고 실천으로 이어 가는 과정을 안내합니다.

혹시 "나는 말이 약하다", 또는 "문장력이 부족하다"는 생각을 해 본 적 있나요? 이제 그 말 뒤에 이렇게 덧붙여 보세요. "그래서 나는 오늘부터 문해력 루틴을 시작한다." 여러분 안에는 이미 표현할 수 있는 생각이 있고, 그 생각을 말과 글로 전달할 수 있는 힘이 있습니다. 이 책은 그 힘을 루틴으로 바꿔 내는 도구가 되기를 바랍니다. 읽고, 쓰고, 말하는 루틴이 당신의 일과 태도, 관계, 기회를 바꾸는 시작이 되길 진심으로 응원합니다.

- 저자 이화영 드림 -

목차

프롤로그: 청년 문해력, 당신의 가능성을 여는 열쇠   04

1부.
왜 지금, 청년 문해력인가

1장. 급변하는 시대, 문해력의 새로운 의미   14

    1.1. 디지털 전환 시대의 문해력   14

    1.2. 청년 세대의 문해력 현주소   16

    1.3. 문해력은 실용적인 사고력이다   18

2장. 문해력 부족이 가져오는 현실적인 문제들   20

    2.1. 취업 시장의 높은 벽   20

    2.2. 직장 생활의 어려움   22

    2.3. 사회생활의 답답함   24

3장. 문해력의 핵심 역량: L-CODE   28

    3.1. L-CODE란 무엇인가   28

    3.2. 각 역량의 중요성과 사례   32

    3.3. 나의 L-CODE 강점 진단   36

2부.
생활 속 문해력 UP! 일상에서 제대로 읽고 쓰는 힘

4장. 디지털 환경에서의 읽기 능력 키우기   40

    4.1. 휘발성 콘텐츠의 홍수 속에서 핵심 정보 찾기   40
    4.2. 목적에 맞는 디지털 읽기 전략   42
    4.3. 온라인 콘텐츠의 신뢰성 판단 방법   46
    4.4. 일상 속 디지털 읽기 루틴 만들기   49

5장. 생각을 정리하고 표현하는 글쓰기 능력 키우기   55

    5.1. 글쓰기는 곧 생각 정리   55
    5.2. 핵심 중심 문장 만들기 연습   59
    5.3. 다양한 글쓰기 플랫폼 활용   64
    5.4. 글쓰기 기본 원칙   68

6장. 효과적인 말하기와 듣기 능력 키우기   84

    6.1. 자신감 있는 말하기 전략   84
    6.2. 상황에 맞는 말하기 방식 연습   104
    6.3. 메시지를 정확히 듣고 반응하는 기술   110
    6.4. 문해력 기반 공감 능력 향상 전략   119
    6.5. 말의 이면을 듣는 4가지 기술   130

3부.
취업 성공을 위한 문해력: 읽히는 자기소개서, 통하는 면접

7장. 채용 담당자의 시선을 사로잡는 자기소개서 작성 전략   152

    7.1. 채용 담당자는 무엇을 읽고 싶어 하는가?   152

    7.2. 자기소개서를 완성하는 START 기법   155

    7.3. 사례를 논리로 바꾸는 문장 훈련   159

    7.4. 문해력 기반 자기소개서 작성 실전 팁   161

8장. 기업과 채용 공고를 읽어 내는 힘   172

    8.1. 채용 공고 및 직무기술서 심층 분석 방법   172

    8.2. 기업 문화와 인재상 읽는 법   176

    8.3. 정보 분석 기반 맞춤형 준비 전략   178

9장. 면접에서 빛나는 소통 능력   183

    9.1. 질문의 핵심 의도 파악 기술   183

    9.2. 구조화된 답변을 위한 문해력 프레임워크   187

    9.3. 논리적인 말하기 순서 연습   194

    9.4. 면접 상황별 효과적인 답변 전략   203

4부.
직장 생활을 위한 문해력: 일 잘하는 신입의 비밀

10장. 비즈니스 문해력: 왜 일터에서 더 중요할까?　　　212
 10.1. 비즈니스 상황에서의 문해력 정의와 4대 요소　　212
 10.2. '일 못하는 신입'의 특징　　219
 10.3. 비즈니스 문해력 향상의 기대 효과　　220
 10.4. 실무에서 키우는 비즈니스 문해력 루틴 소개　　222

11장. 보고서 작성 능력 UP!: 명확하고 설득력 있게　　229
 11.1. 상사의 지시 및 요구 사항 정확히 파악하기　　229
 11.2. 보고서 요약 및 정보 구조화 훈련　　232
 11.3. SDI 구조　　234
 11.4. 반복 수정 없는 보고서 작성 습관 만들기　　251

12장. 스마트한 커뮤니케이션 문해력: 이메일, 회의, 피드백까지　　254
 12.1. 오해 없는 요청, 협조, 회신의 문장력　　254
 12.2. 회의 안건 이해와 효과적인 발언 전략　　257
 12.3. 공감과 논리를 담은 피드백 메시지　　260
 12.4. Before & After 실전 사례 비교　　264

13장. 나를 바꾸는 문해력 루틴: 성장의 엔진 만들기   267

    13.1. 지속 가능한 읽기, 쓰기, 말하기 습관 만들기   267

    13.2. 나의 L-CODE 강점 약점 진단과 맞춤형 루틴 설정   270

    13.3. 실천 속에서 달라지는 나의 일과 태도   273

    13.4. 나만의 문해력 향상 로드맵 만들기   275

에필로그: 당신의 잠재력을 깨우는 문해력의 힘   280

왜 지금,
청년 문해력인가

1장
급변하는 시대, 문해력의 새로운 의미

1.1. 디지털 전환 시대의 문해력

정보가 넘쳐나는 시대다. 우리는 하루에도 수십 개의 메신저, 수백 개의 콘텐츠, 수천 줄의 문자를 읽고 스크롤한다. 눈은 끊임없이 글자를 따라 움직이지만, 과연 그 모든 정보가 내 것이 되는 순간은 얼마나 될까? 디지털 전환이 본격화된 사회에서 문해력은 단지 '글을 읽고 해석하는 능력'으로 정의될 수 없다. 지금의 문해력은 그보다 훨씬 복합적이고 실천적인 개념이다. 눈에 보이는 문장을 읽는 데서 멈추지 않고, 그 안의 '맥락'을 읽고, 핵심을 추출하며, 상황에 맞게 정리해 나만의 언어로 바꾸는 힘이 필요하다. 그것이 바로 '디지털 시대의 문해력'이다. 특히 청년 세대는 유례없이 많은 정보를 '보는' 세대다. SNS, 유튜브, 뉴스, 블로그, 댓글, 이메일, 온라인 공고문까지. 콘텐츠는 넘쳐나고, 그 어느 때보다 다양한 글을 접하지만, 정작 그 안에서 무엇을 이해했고, 어떻게 반응했는지를 묻는다면 대답은 막막하다. 정보는 수집했지만, 정리는 부족하고, 요약은 어렵고, 응용은 자신 없다. "뉴스는 클릭만 하고, 댓글만 읽는다", "공고문을 보는데 한 번에 이해가 안 된다"는 말은 이제 청년들 사이에서 흔한 고백이 되었다. 이는 결코 개인의 '게으름' 때문이 아니다. 디지털 콘텐츠는 본질적으로 자극적이며 빠르게 소비되도록 설계되어 있다. 짧고, 강렬하며, 생각할 틈 없이 넘어가는 구조. 이 구조에 익숙해진 뇌는 점점 길고 복잡한 정보, 구조적인 서사, 비판적 관점이 필요한 문장에 익숙하지 않게 된다. 즉, 정보 소비는 많아졌지만 정보의 본질을 해석하고, 쓸모 있게 가공하는 능력은 오히려 퇴보하는 것이다.

이 시대에 필요한 문해력은 정보를 그대로 받아들이는 수동적 독해력이 아니라, 정보를 나의 문맥으로 전환하는 능동적 재구성력이다. 다시 말해, 읽고 끝나는 것이 아니라, 읽고 질문하고, 요약하고, 정리하고, 설명할 수 있어야 문해력의 실천이 완성된다. 이를 위해 이 책은 실전에서 사용할 수 있는 다양한 디지털 문해력 루틴을 제안한다. 하루 하나, 뉴스 기사를 읽고 세 줄로 요약해 보는 것. 공고문을 읽고 핵심 문장과 질문을 뽑아 보는 것. 또는 5W1H 구조로 정보를 해체하고 다시 조합해 보는 연습이다. 처음엔 시간이 걸릴 수 있지만, 이 루틴은 '정보를 자기 언어로 바꾸는 힘'을 단련시키는 가장 기본적인 훈련이 된다.

디지털 시대의 문해력은 '얼마나 많이 읽었느냐'보다, '어떻게 읽고 남겼느냐'가 중요하다. 수많은 정보 속에서 의미 있는 내용을 선택하고, 요약하고, 활용할 수 있는 능력. 그 힘이 바로 우리가 살아갈 다음 시대를 위한 핵심 문해력이다.

1.2. 청년 세대의 문해력 현주소

많은 청년들이 말한다. "말을 잘 못 하겠어요." "글을 써도 자꾸 퇴짜를 맞아요." "면접에서 하고 싶은 말을 제대로 못 전했어요." 이처럼 수많은 말과 글이 오가는 시대에 오히려 '제대로 표현하는 법', '상대의 말의 의도를 정확히 이해하는 법'은 더욱 어려워지고 있다. 그 원인은 어디에 있을까? 최근 교육 현장과 기업에서는 공통적으로 "청년 세대의 문해력이 예전보다 떨어진다"는 우려의 목소리를 낸다. 그러나 단순히 세대 차이의 문제나 성실성 부족으로 치부할 수는 없다. 이들은 오히려 글을 더 많이 읽고, 더 자주 쓰고, 더 적극적으로 말한다. 문제는 그 '양'이 아니라 '방식'에 있다.

문해력의 핵심은 단지 정보를 받아들이는 데 그치지 않는다. 그 정보의 맥락을 파악하고, 핵심을 추출하며, 목적에 맞게 다시 구성하여 전달하는 과정까지 포함된다. 이 과정 중 어느 하나라도 누락되면 오해가 생기고, 오해는 곧 실패로 이어진다. 예를 들어, 인턴으로 일하던 청년 은진은 팀장으로부터 "해외 전시회 아이디어 요약해서 정리해 줘."라는 요청을 받는다. 그는 이 말을 '기획서 작성'으로 이해해 3장 분량의 문서를 정성껏 만들어 제출했다. 그러나 돌아온 말은 "이게 아니라니까요. 다시 써요."였다. 은진은 상사의 말을 '충분히' 들었지만 '정확히' 이해하진 못했다. 요약이 필요하다는 의도는 읽지 못한 채, '기획서'라는 자기식 해석을 덧붙인 결과였다. 이 사례는 단지 '센스가 부족했다'는 문제가 아니다. 이건 문해력의 부족이다. 즉, 문장의 표면적 의미만 읽고, 말 속의 맥락과 목적, 요구되는 정보 수준을 이해하지 못한 것이다. 문해력이 부족하면 이처럼 아무리 좋은 의도로 시작한 일도 엉뚱한 결과로 이어지는 경우가 많다. 이런 상황에서 많은 청년들은 스스로를 탓한다. "나는 글을 잘 못 써서…", "나는 발표에 약해서…" 그러나 이는 잘못된 자기 인식일 수 있다. 문해력은 타고나는 감각이 아니라 누구나 훈련을 통해 기를 수 있는 역량이다. 그리고 지금의 어려움은 글쓰기 실력이나 발표력의 문제가 아니라, 핵심 정보를 이해하고 전달하는 전략적 사고력의 문제일 가능성이 더 크다.

기업 채용 현장에서도 이러한 문해력 결핍은 명확히 드러난다. 자기소개서에서 요구하는 질문의 의도를 파악하지 못해 엉뚱한 방향으로 서술하는 경우, 면접 질문을 그대로 되묻거나 장황하게 말하는 경우, 이메일이나 보고서 작성에서 핵심을 빼놓고 장식만 채우는 경우가 그렇다. '실패한 커뮤니케이션'에는 문장력이 아닌 문해력의 결핍이 자리 잡고 있는 것이다.

중요한 건 이제부터다. 청년들에게 필요한 것은 자책이 아니라 객관적 진단과 실천적인 훈련이다. 이 책은 L-CODE라는 네 가지 핵심 요소를 중심으로 자신의 문해력을 스스로 진단하고, 부족한 부분을 루틴화된 방법으로 개선할 수 있도록 안내한다. 핵심 정보를 빠르게 파악하는 능력, 말 속의 의도를 읽어 내는 능력, 말이나 글을 논리적으로 구조화하는 능력, 그리고 설득력 있게 표현하는 전략적 커뮤니케이션 능력. 이 모든 것이 문해력 안에 포함되어 있다.

문해력은 단지 '국어 능력'이 아니다. 일터에서 살아남기 위한 기술이며, 관계에서 실패하지 않기 위한 커뮤니케이션의 본질이다. 지금 이 순간부터 우리는 그 능력을 의심할 게 아니라, 훈련하고 개선해야 한다.

1.3. 문해력은 실용적인 사고력이다

문해력은 이제 단순히 '글을 잘 읽는 능력'이나 '국어 점수'로 설명할 수 있는 시대를 지나왔다. 오늘날 우리가 말하는 문해력은, 더 나아가 '읽고 끝나는 능력'이 아니라, 읽은 것을 바탕으로 사고하고, 판단하고, 소통하며, 문제를 해결하는 힘, 즉 실용적인 사고력이다. 실제 업무나 일상 속에서 문해력은 매우 구체적인 형태로 나타난다. 보고서 작성 시 상사의 요구 사항을 핵심만 정리해 전달하지 못한다면, 이는 단지 글쓰기 부족이 아닌 정보 파악과 구조화 능력의 부족이다. 누군가의 말을 듣고 그 의도를 제대로 읽지 못해 잘못된 답을 하는 경우도, 언어 능력이 아니라 맥락을 읽는 힘, 즉 문해력의 결핍이 원인이다. 그렇다면 이 실용적 문해력을 우리는 어떻게 이해하고, 또 키울 수 있을까?

이 책에서는 그 출발점을 문해력의 구조적 이해에서 찾고자 한다. 바로 문해력의 4대 핵심 요소를 담은 L-CODE 프레임이다. 이는 문해력을 실제 삶과 일에서 작동 가능한 형태로 풀어낸 실전형 문해력 모델로 핵심 정보 파악력, 맥락 이해력, 논리 구조화력, 전략적 커뮤니케이션 역량을 말한다.

이 네 가지 역량은 지금부터 이 책의 전반에서 반복적으로 등장할 것이다. 우리는 이후 장에서 이 능력들이 취업 준비, 직장 생활, 디지털 커뮤니케이션, 보고서 작성, 회의·피드백 등의 상황에서 어떻게 작동하는지를 확인하게 될 것이다.

문해력은 더 이상 추상적인 개념이 아니다. 그것은 오늘 하루에 내가 쓰는 말, 내가 쓰는 메시지, 내가 쓰는 글을 결정짓는 사고력이고, 실력이다. 문해력이 곧, 삶을 살아 내는 방식이라는 것을 이 책을 통해 함께 확인해 보자.

2장
문해력 부족이 가져오는 현실적인 문제들

2.1. 취업 시장의 높은 벽

"또 탈락했어요. 이번에도 이유를 모르겠어요."
"면접에서는 내가 하고 싶은 말을 한 것 같은데, 왜 점수를 못 받은 걸까요?"

취업 준비를 하는 청년들이 가장 자주 하는 말이다. 스펙도 괜찮고, 진심도 담았고, 준비도 열심히 했지만 결과는 탈락이다. 문제는 무엇일까? 요즘의 채용 과정은 단순한 '형식'이나 '정답'이 아니라, 지원자의 사고력과 커뮤니케이션 역량, 그리고 정보 해석력을 종합적으로 평가하는 과정이다. 즉, 취업 시장에서 떨어지는 이유는 '열심히 안 해서'가 아니라, 핵심을 잘못 읽었기 때문일 수 있다. 그리고 그 핵심은 '문해력'

이다.

먼저, 자기소개서를 보자. 많은 청년들이 자소서 항목을 '글쓰기 문제'처럼 접근한다. 하지만 채용 담당자가 알고 싶은 건 문장의 유려함이 아니라 핵심 역량이 어떻게 조직의 니즈와 연결되는가다. 예를 들어 "책임감을 가지고 프로젝트를 완수했습니다"라는 문장은 얼핏 보기에 성실해 보이지만, 구체성이 없고, 왜 그 경험이 지원하는 직무에 적합한지를 설명하지 않는다. 즉, 핵심 정보 파악력과 논리 구조화력이 부족한 결과다. 또한 자소서 항목을 글의 제목처럼 읽는 경우가 많다. "본인의 지원 동기를 기술하시오."라는 문장을 보고도 어떤 청년은 자기 성격부터 이야기하고, 어떤 청년은 직무에 대한 열정만 이야기한다. 질문의 의도를 읽고, 그에 맞는 내용을 배치하는 것. 이것이 문해력의 첫 번째 단계다.

면접에서는 그 차이가 더욱 극명하게 드러난다. 면접관의 질문은 단순한 정보 확인이 아니라, 지원자의 사고의 흐름과 이해, 표현력을 본다. "이 경험을 통해 배운 점은 무엇인가요?"라는 질문에, 에피소드를 반복하거나 두서없는 설명으로 답하는 경우가 많다. 이때 필요한 것이 바로 맥락 이해력과 전략적 커뮤니케이션 역량이다. 예를 들어, "갈등 상황을 해결한 경험이 있나요?"라는 질문을 받았을 때, 단순한 에피소드 나열로 끝나선 안 된다. '무엇이 갈등이었고, 내가 왜 그렇게 판단했고, 결과적으로 어떤 배움이 있었는가'라는 흐름이 있어야 한다. 즉, 논리적 구조화 없이 말하면 아무리 좋은 경험도 '의미 없는 이야기'가 되고 만다. 또한 긴장 상태에서 면접 질문을 정확히 이해하지 못해 엉뚱한 대답을 하는 경우도 많다. 질문을 받았을 때 질문의 핵심을 즉시 파악하고, 요점에 맞춰 말의 전략을 구성하는 능력, 이것이 바로 전략적 커뮤니케이션이다.

무엇보다 중요한 것은, 이 모든 역량이 '천성적인 재능'이나 '말빨'에서 나오는 것이 아니라는 점이다. 문해력은 훈련 가능한 사고 습관이다. L-CODE의 각 요소처럼, 핵심 정보를 찾는 습관, 말의 의도를 읽는 감각, 논리를 정리하는 루틴, 말하는 흐름을 설계하는 연습이 쌓이면 누구나 변화할 수 있다. 취업 준비에서 '잘 보이기'보다 중요한 건, '잘 이해하고, 정확히 전달하는' 능력이다. 문해력은 취업의 관문을 여는 또 하나의 실력이다.

2.2. 직장 생활의 어려움

많은 청년들이 첫 사회생활에서 가장 크게 느끼는 벽은 업무 능력 부족이 아니다. 오히려 그보다 앞서 부딪히는 것은, '말이 안 통하는 상황'에서 오는 당황스러움이다. "나는 분명 그렇게 이해했는데요." "말씀하신 거 그대로 했는데 왜 다시 하라고 하시죠?" 이런 말이 입 밖으로 나오지 않더라도, 속으로 수없이 되뇌는 순간들. 이때 발생하는 문제의 본질은 바로 문해력 결핍에서 오는 소통 오류다.

직장 내 커뮤니케이션은 단순한 말 전달을 넘어선다. 맥락 읽기, 의도 해석, 핵심 추출, 정보 구조화라는 여러 사고 과정이 함께 작동해야 한다. 상사는 "이거 간단히 정리해서 주라"고 말하지만, 그 말에는 암묵적인 기대가 담겨 있다. '보고서 형식일 것', '핵심만 뽑아 줄 것', '다른 사람도 쉽게 이해할 것'. 그런데 신입사원이 이 말을 문자 그대로 받아들여 메모 형태로 내면 "다시 해 와"라는 말이 돌아온다. 이건 상사의 '까다로움'이 아니라, 신입의 문해력 부족으로 인한 해석 실패다. 업무 이해 부족 또한 비슷한 구조로 발생한다. 업무 지시를 받았을 때, 단순히 '무엇을 하라'는 말만 받아들이고, 그 배경이나 목적을 파악하지 못하면 중요한 포인트를 놓치기 쉽다. 결국 작업 방향이 빗나가고, "이게 아니라니까"라는 말을 듣게 된다. 이는 직무 지식보다도 '맥락 이해력(Contextual Awareness)'이 약한 상태에서 발생하는 전형적인 문제다. 더 나아가, 보고서 작성에서의 어려움은 단순히 글쓰기 기술 부족이 아니다.

많은 신입사원들이 보고서를 '글자 수 채우기'로 이해하거나, 머릿속 내용을 그대로 옮기려다 논리 없는 산문을 제출한다. 하지만 보고서는 생각을 요약하고 정리한 구조화된 정보여야 한다. 상사가 원하는 건 '정보가 많은 보고서'가 아니라, '정보가 정리된 보고서'다. 이때 필요한 것이 바로 '논리 구조화력(Logical Structuring)'이다. 정보를 주제별로 묶고, 서론-본론-결론 구조를 만들고, 제목과 소제목을 통해 독자의 이해 흐름을 설계하는 능력이 핵심이다. 또한 회의 시간에 의견을 말해야 할 때, 말문이 막히는 경우도 잦다. 이는 말하기 기술의 문제가 아니라, 핵심을 추려 내고 구조화하는 과정이 사전에 없었기 때문이다. 즉, 문해력은 쓰는 데만 필요한 것이 아니라, 말할 때도 필수적인 기반 능력인 것이다. 이 모든 상황에서 반복적으로 확인되는 공통점은 이것이다. 문해력이 부족하면 일 못하는 사람이 되고, 문해력이 있으면 '센스 있는 사람'으로 보인다는 것. 하지만 그 '센스'는 타고나는 것이 아니다. 업무 문서 구조를 반복해서 분석해 보고, 상사의 말에서 요구 사항을 추론해 보며, 말한 내용을 요약해서 다시 말해 보는 루틴. 이런 작은 실천들이 누적될 때, 문해력이 곧 '일머리'가 된다. 직장 생활에서 살아남고 인정받기 위해 필요한 건 화려한 말솜씨가 아니다. 말의 맥락을 읽고, 지시의 핵심을 잡고, 내용을 정리하고 전달하는 실용적 문해력이다.

2.3. 사회생활의 답답함

사회생활을 시작한 많은 청년들이 겪는 공통된 어려움은 '업무 능력 부족'보다는 말이 잘 통하지 않는 상황에서 오는 피로감이다.

"나는 분명 그렇게 이해했는데 왜 오해가 생기지?"
"같은 말을 했을 뿐인데, 왜 저 사람은 불쾌해하는 걸까?"
"이 대화에 왜 내가 끼지 못하는 느낌일까?"

이런 고민은 단순히 '말주변'의 문제가 아니다. 더 깊이 들여다보면, 정보와 관계의 언어를 해석하는 능력, 즉 문해력의 문제다. 특히 사회생활에서는 업무처럼 공식적이고 명확한 언어보다, 오히려 모호하고 은근한 말들이 오간다. 회의 후 엘리베이터에서 오간 짧은 말 한마디, 메신저 속 "ㅎㅎ 알겠어요~", 회식 자리에서 건네는 눈치 섞인 부탁까지. 이 모든 순간은 표면적인 말보다 그 안에 담긴 의도와 분위기, 즉 맥락을 이해하는 능력이 중요하다. 하지만 일부 청년들은 이런 표현을 너무 문자 그대로 받아들이는 경향이 있다. 예를 들어, 상사가 "시간 나면 이것 좀 검토해 줘요~"라고 말하면 문자 그대로 받아들이는 사람은 "지금 바쁜데 굳이 안 해도 되겠지?"라고 생각한다. 하지만 실제로는 가능한 빨리(ASAP으로) 처리하라는 완곡한 요청일 수도 있다. 동료가 "내일 회의 자료 좀 봐 둘게요~"라고 말하면 문자 그대로 해석하는 사람은 "저 사람이 할 거니까 난 안 해도 되겠지?"라고 생각한다. 하지만 실제 맥락은 '같이 준비하자'는 무언의 신호일 수도 있다. 이처럼 문장의 표면적 의미만 받아들이고, 그 너머의 의도와 맥락을 해석하지 못할 때 의사소통의 미묘한 균열이 생기고, 오해는 쌓이게 된다. 그리고 그런 오해는 '눈치 없다', '센스 없다', '공감력이 부족하다'는 평가로 이어진다. 그러나 이것은 성격의 문제가 아니다. 이는 단지 'Contextual Awareness', 즉 '맥락 이해력'이라는 문해력의 한 축이 약할 뿐이다.

말의 의도와 관계의 흐름을 파악하는 능력은 얼마든지 훈련과 루틴을 통해 기를 수 있다. 또한, 정보 해석력 부족도 사회생활에서의 소외감이나 무력감을 키운다. 단체 메신저에서 공지 글이나 업무 안내를 받고도 누가 주체인지, 나의 역할은 무엇인지 정확히 이해하지 못하는 경우, 결국 '놓치는 사람'이 되기 쉽다. 특히 커뮤니케이션에서는 말투와 표정, 뉘앙스를 읽을 수 있는 비언어적 문해력이 함께 요구되며, 이런 역량이 부족할수록 자신도 모르게 대화 흐름에서 멀어지고, 관계에서도 겉도는 느낌을 받게 된다. 더 나아가, 이런 반복된 '이해 실패'는 자기표현 위축으로 이어진다.

"내가 뭔가 이상한 말을 한 걸까?", "괜히 말 꺼냈나?", "조용히 있는 게 낫겠다."

이렇게 소통에 대한 불안이 쌓일수록, 관계 속 존재감은 약해지고 스스로에 대한 신뢰도 낮아지게 된다. 하지만 우리가 알아야 할 중요한 사실은, 이런 소통의 어려움이 결코 개인의 사회성 부족이나 성격 결함 때문만은 아니라는 것이다. 그보다는 '문해력'이라는 도구가 부족했을 뿐이다. 문해력은 인간관계를 위한 '센스'가 아니라, 정보를 정확히 읽고, 의도를 파악하고, 관계의 언어를 해석할 수 있는 능력이다. 그리고 이 능력은 타고나는 것이 아니라, 훈련을 통해 충분히 길러질 수 있다. 사회생활에서 덜 지치고, 더 건강한 연결을 만들고 싶다면 이제는 '감'이 아니라 '문해력'으로 관계를 읽는 연습을 시작해야 한다. 문해력이 있는 사람은, 덜 오해받고, 더 이해받는다.

3장
문해력의 핵심 역량: L-CODE

3.1. L-CODE란 무엇인가

　우리가 지금까지 살펴본 것처럼, 문해력은 더 이상 단순히 글을 잘 읽는 능력을 말하지 않는다. 이제 문해력은 정보가 넘쳐나는 시대 속에서 무엇이 중요한지를 가려내고, 상황을 읽으며, 생각을 정리하고, 타인과 소통하는 힘으로 이해되어야 한다. 그런 의미에서 이 책에서 제안하는 L-CODE 모델은 문해력의 실천적 구조를 담은 핵심 프레임이다. L-CODE는 문해력을 단순한 '독해력'에서 벗어나, 일상과 업무에서 실제로 작동하는 네 가지 핵심 역량으로 구분해 설명한다. 이 네 가지는 서로 유기적으로 연결되어 있으며, 청년들이 겪는 학업, 취업, 직장, 관계의 모든 장면에서 폭넓게 활용될 수 있다.

◆ 핵심 정보 파악력(Insight Extraction)

어떤 글이든 말이든, 가장 먼저 필요한 것은 '무엇이 중요한가'를 알아보는 능력이다. 핵심 정보 파악력이란, 전체 정보 속에서 중심이 되는 내용과 메시지를 빠르게 추려 내는 힘을 기반으로 많은 정보 속에서 중요한 내용을 골라내고, 요지를 뽑아내는 능력이다. 예를 들어, 채용 공고문에서 회사가 진짜로 원하는 인재상과 직무 요구 사항을 파악하거나, 회의 안건에서 팀장이 강조한 포인트를 놓치지 않고 정리하는 일, 메일의 핵심 문장, 회의의 결론, 보고서의 메시지를 놓치지 않는 힘을 말한다. 이런 능력이 있어야 '알고 있지만 전달하지 못하는 사람'이 아니라, 정확하게 읽고 요약해 내는 사람이 될 수 있다. 이 역량은 단순한 눈치나 암기력이 아니라, 반복적인 연습을 통해 키울 수 있다. 정보의 구조를 파악하고, 제목과 소제목, 강조된 단어를 기준으로 요점을 정리하는 훈련이 필요하다.

◆ 맥락 이해력(Contextual Awareness)

정보는 단어와 문장 그 자체보다, 그 말이 나온 상황과 의도를 함께 읽을 때 비로소 온전히 이해된다. 맥락 이해력이란, 말과 글 속에 담긴 상황, 관계, 의도, 감정 등을 함께 읽는 능력이다. 글이나 말의 표면 너머, '왜 이 말을 했는가', '이 상황에서는 어떤 의미로 받아들여야 하는가'를 읽는 능력이다. 단어가 아닌 의도와 상황을 읽는 힘이다. 예를 들어, "이건 다음에 다시 이야기하죠."라는 말이 정말로 '다음에 이야기하자'는 뜻일 수도 있지만, 지금은 하고 싶지 않다는 정중한 거절일 수도 있다. 또는 상사의 "간단하게 보고해 주세요."라는 말에는, '핵심만 빠르게 요약해서 전달해 달라'는 암묵적인 기대가 담겨 있을 수 있다. 이처럼 겉으로 드러난 표현만 읽는 것이 아니라, 그 말을 하는 사람의 입장, 상황의 분위기, 대화의 흐름까지 고려할 수 있는 힘이 바로 맥락 이해력이다.

◆ 논리 구조화력(Logical Structuring)

아무리 좋은 정보를 알고 있어도, 그것을 정리하지 못하면 전달되지 않는다. 논리 구조화력이란, 흩어진 정보를 목적에 맞게 정리하고, 순서를 세워 조리 있게 표현하는 능력이다. 머릿속 생각이나 자료를 목적에 따라 재구성하고, 일관된 흐름으로 정리하는 힘이다. 일 잘하는 사람의 공통점은 '말이 정리되어 있다'는 것이다. 보고서, 기획서, 자기소개서 등 문서 작성은 물론이고, 면접에서 말할 때, 회의에서 의견을 제시할 때도 이 능력이 필요하다. '서론-본론-결론', 혹은 '상황-행동-결과' 같은 구조로 말하고 쓰는 사람은 듣는 이에게 신뢰감과 전문성을 동시에 줄 수 있다. 이 능력은 생각을 글로 정리해 보는 훈련, 키워드를 중심으로 내용을 배열해 보는 연습을 통해 충분히 향상시킬 수 있다.

◆ 전략적 커뮤니케이션(Strategic Communication)

마지막으로 중요한 역량은, 정보를 효과적으로 전달하는 소통 능력이다. 아무리 좋은 내용도, 상대와 상황에 따라 말하는 방식이 다르다. 정보를 효과적으로 전달하기 위해 언어를 전략적으로 조절하는 능력이 여기에 포함된다. 전략적 커뮤니케이션은, 대상과 상황에 맞는 말투, 표현 방식, 구조를 선택해 상대를 설득하고 공감시키는 힘이다. 같은 말이라도 상사에게 보고할 때와 팀원에게 공유할 때는 방식이 달라야 하고, 서면으로 정리할 때와 말로 전달할 때도 언어의 선택이 달라져야 한다. 또한, 말하기보다 더 중요한 것은 '경청'이다. 상대의 말 속에서 의미를 찾고, 그에 맞는 반응을 할 수 있어야 소통이 완성된다. 전략적 커뮤니케이션 능력은 문장을 다듬는 힘, 질문을 정확히 던지는 힘, 대화의 흐름을 조율하는 힘이 모두 포함된 종합적인 표현 능력이다.

L-CODE는 이처럼 문해력을 네 가지 핵심 구성 요소로 구분하여, 청년들이 일터와 일상에서 문해력을 실전적으로 사용할 수 있도록 설계된 문해력 훈련 프레임이다. 이제 우리는 문해력을 단순히 '읽기 실력'이 아닌, 정보를 다루고, 상황을 파악하며, 문제를 풀고, 관계를 맺는 방식 전체로 이해해야 한다. 앞으로 이 책의 다음 장들에서는 L-CODE 각각의 역량이 어떻게 실제로 적용되고, 훈련되고, 성장을 이끌어 낼 수 있는지 구체적으로 살펴볼 것이다.

[L-CODE 모델]

핵심 정보 파악력
Insight Extraction

문서와 데이터에서 핵심 내용을
파악하여 정확한 인사이트를 얻는 능력

맥락 이해력
Contextual Awareness

상황과 관련된 맥락을 이해하고
의미를 통찰하는 능력

논리 구조화력
Logical Structuring

정보를 체계적으로 재구성하여
논리적이고 일관된 결론을 도출하는 능력

전략적 커뮤니케이션
Strategic Communication

명확하고 설득력 있는 방식으로 의견이나
아이디어를 전달하는 능력

3.2. 각 역량의 중요성과 사례

문해력을 구성하는 네 가지 핵심 역량 '핵심 정보 파악력, 맥락 이해력, 논리 구조화력, 전략적 커뮤니케이션'은 서로 분리된 기술이 아니다. 이들은 실제로 우리의 일상과 업무, 관계 속에서 유기적으로 작동하며, 소통의 질과 결과를 결정짓는 요소들이다. 다음은 각 역량이 왜 중요한지를 보여 주는 현장감 있는 예시 상황이다.

◆ 핵심 정보 파악력

중요한 말을 놓치고 엉뚱한 것만 기억하면, 아무리 열심히 일해도 방향이 틀어진다.

카페에서 일하는 아르바이트생 지우는 사장님으로부터 "오늘은 오후 5시 이후 배달 주문이 많을 테니 음료 재료 미리 점검해 줘."라는 말을 듣고, 매장 음료만 준비했다. 사장님의 말에는 '배달용 메뉴를 중심으로 준비해 달라'는 핵심이 담겨 있었지만, 지우는 겉으로 들린 말에만 집중했다. 결국 5시 이후에 배달 주문이 몰리자, 포장 컵이 부족해 급히 준비하느라 매장이 혼란스러워졌다.

이처럼 핵심 정보 파악력은 말 속의 중심 키워드와 목적을 빠르게 추려 내는 힘이다. 많은 말을 들었지만, '무엇이 중요한가'를 놓치면 고생은 늘어나고 결과는 뒤처진다.

◆ 맥락 이해력

같은 말도 상황에 따라 의미가 바뀐다. 말만 듣고, 상황을 못 읽으면 '말귀를 못 알아듣는 사람'이 되기 쉽다.

대학생 채현은 동아리에서 활동보고서를 맡았다. 회장 언니가 "지난 행사 분위기만 간단히 정리해 줘."라고 말하자, 채현은 사진 중심의

PPT를 화려하게 만들어서 제출했다. 회장은 곤란한 표정으로 "그냥 단체 톡에 올릴 정도로 간단한 글이면 됐는데…"라고 말했다. 채현은 말은 들었지만, 그 말에서 '보고서가 어떤 채널에 쓰일 것이고, 누가 볼 것이며, 회장 언니가 어떤 톤을 기대한 건지'는 파악하지 못했다.

맥락 이해력은 '왜 이 말을 했는지', '지금 어떤 상황에서 말하는지'를 함께 해석하는 힘이다. 때로는 말의 내용보다, 그 말이 나온 맥락과 분위기를 읽는 것이 더 중요하다.

◆ 논리 구조화력

말이나 글이 머릿속에만 맴돌고 정리되지 않으면, 아무리 좋은 생각도 전달되지 않는다.

취업을 준비 중인 우진은 자기소개서에서 자신의 성격, 여행 경험, 학과 수업 이야기를 진심을 담아 풀어냈지만, 읽는 사람 입장에서는 "그래서 하고 싶은 말이 뭔가요?"라는 질문이 생겼다. 우진의 글에는 중심 주제와 흐름이 없었고, 단지 정보의 나열이었다.

논리 구조화력은 자신의 생각과 정보를 목적에 맞게 정리해 내는 사고의 정리 기술이다. 말이 짧아도 구조가 있으면 명확하고, 글이 길어도 흐름이 있으면 설득력이 생긴다.

◆ **전략적 커뮤니케이션**

전달은 감정이 아니라 기술이다. 정보를 어떻게 전달하느냐에 따라, 신뢰도와 성과가 달라진다.

신입사원 유라는 팀장에게 업무 방향이 너무 막연하다고 느꼈지만, "그건 너무 추상적이에요."라고 직설적으로 표현했다. 팀장은 순간 표정을 굳히며 "그건 내가 판단할게요."라고 답했다. 유라가 틀린 말을 한 것은 아니었지만, 표현 방식이 팀장 입장에선 공격적으로 느껴졌던 것이다. 이후 팀장은 유라에게 중요한 업무를 잘 맡기지 않았다.

전략적 커뮤니케이션은 무엇을 말할지보다, 어떻게 말할지를 설계하는 능력이다. 대상에 따라 말의 길이와 구조, 단어 선택까지 조절할 수 있어야 '말 잘하는 사람'이 아닌 '말이 통하는 사람'이 된다.

L-CODE는 눈으로 보는 이론이 아니라, 직장에서, 관계에서, 커뮤니티에서 살아 숨 쉬는 행동 기술이다. 각 역량은 따로 떨어져 있는 것이 아니라, 실제 상황에서는 동시에 작동하고 서로를 강화시킨다. 핵심을 파악하고, 상황을 읽고, 논리를 만들고, 잘 전달할 수 있어야 청년의 문해력은 '능력'이 아니라 무기가 된다.

3.3. 나의 L-CODE 강점 진단

L-CODE는 단순히 머릿속에 담아 두는 개념이 아니라, 지금 나의 문해력이 어떤 영역에서 강하고, 어떤 부분이 보완이 필요한지를 점검하고 훈련할 수 있는 기준이다. 이 장에서는 독자 스스로 문해력 4요소에 대한 자신의 강점과 약점을 진단해 보고, 이후 루틴 설계나 훈련 전략을 세우는 데 기반이 되는 자가 진단 체크리스트를 제안한다.

◆ 나의 문해력, 어디서 막히고 있을까?

문해력은 작은 불편함으로 드러난다. 문서를 읽고도 정리하기 어렵다든지, 대화 중 상대의 의도가 헷갈린다든지, 회의에서 말할 타이밍을 놓치거나, 메일을 다시 쓰는 일이 반복된다면 그건 성격이 부족해서가 아니라, 문해력의 어느 한 부분이 어긋났을 수 있다는 신호다. 다음의 질문들을 통해, 지금의 나에게 가장 필요한 문해력 요소가 무엇인지 가볍게 점검해 보자.

✔ 간단한 자가 진단 체크리스트

다음 항목 중, '그렇다'라고 생각되는 문항에 체크해 보자.

■ 핵심 정보 파악력
☐ 문서나 이메일에서 중요한 부분을 빨리 찾지 못하고 여러 번 읽는다.
☐ 말이나 발표에서 요점을 정리하라는 요구가 부담스럽다.

☐	정보를 수집하고도 '결국 무슨 얘기지?'라는 생각이 자주 든다.
■ 맥락 이해력	
☐	상대가 한 말을 그대로 들었는데도, 의도를 잘못 파악해 오해를 산 적이 있다.
☐	회의나 대화 중 '왜 이런 말을 했지?' 하고 뒤늦게 깨닫는 경우가 많다.
☐	공식적 표현과 진짜 의도를 구분하기 어렵다.
■ 논리 구조화력	
☐	글을 쓸 때 중간에 맥락이 끊기거나, 논리 흐름이 어지럽다는 피드백을 받은 적이 있다.
☐	발표나 보고에서 '무슨 말을 먼저 해야 하지?' 고민하다 말이 꼬인다.
☐	내 생각을 말하고 나면 "그래서 결론이 뭐야?"라는 반응이 돌아온다.
■ 전략적 커뮤니케이션	
☐	듣는 사람에 따라 말투나 설명 방식 조절이 잘 안 된다.
☐	말을 잘했다고 생각했는데도 "그건 좀 예민하게 들려요."라는 피드백을 받은 적 있다.
☐	메일, 메신저를 쓴 뒤 '이 문장 오해받지는 않을까?' 걱정하는 편이다.

◆ **결과 해석 가이드**

각 항목에서 2개 이상 체크되었다면, 해당 역량을 보완할 필요가 있다는 신호이다.

체크 수가 가장 많은 항목이 현재 나의 문해력 약점일 수 있으며, 반대로 가장 적은 항목은 나의 강점일 가능성이 높다. 특정 역량에만 치우친 문해력은 실전에서 오작동하기 쉽다. 따라서 4가지 역량을 균형 있게 점검하고 훈련하는 것이 중요하다.

2부

생활 속 문해력 UP!
일상에서 제대로
읽고 쓰는 힘

4장
디지털 환경에서의 읽기 능력 키우기

4.1. 휘발성 콘텐츠의 홍수 속에서 핵심 정보 찾기

지금 이 순간에도 우리는 끊임없이 '무언가를 읽고' 있다. 유튜브 자막, SNS 피드, 친구의 메시지, 온라인 쇼핑 후기, 뉴스 속보, 회사 공지, 블로그 글… 디지털 세상은 읽을거리로 가득 차 있고, 우리는 하루에도 수백 개의 문장과 문단을 스쳐 지나간다. 하지만 그 많은 '읽기' 속에서 정작 내 안에 남는 건 얼마나 될까? 디지털 시대의 읽기는 더 이상 책상 위에서만 이루어지지 않는다. 버스 안에서도, 점심시간에도, 잠들기 전에도 우리는 스마트폰으로 정보를 '훑는다'. 이러한 습관은 정보에 대한 접근성을 높여 주는 장점이 있지만, 동시에 정보를 깊이 있게 받아들이기 어려운 구조를 만든다. 짧고 자극적인 콘텐츠에 익숙해지면서, 사람들은 점점 긴 글을 끝까지 읽지 못하거나, 중요한 정보를 건

너뛰는 경향을 보인다. 실제로 많은 청년들이 뉴스는 클릭해 놓고 제목만 읽거나, 이메일을 읽고도 내용을 정확히 요약하지 못하는 경우가 많다. 문제는, 이런 읽기의 결과로 필요한 정보는 놓치고, 의미 없는 정보만 남는 상황이 반복된다는 것이다. 결국 스크롤은 많이 했지만, 무엇도 정리되지 않고 남지 않은 하루가 계속된다.

이럴 때 필요한 문해력은 바로 핵심 정보 파악력이다. 읽는 시간보다 더 중요한 건, 무엇을 중심으로 읽을 것인가, 다시 말해 정보의 요점과 목적을 파악하며 읽는 전략적 습관이다. 예를 들어, 채용 공고문을 읽을 때 '우리 회사는 열정 있는 인재를 기다립니다'라는 문장은 넘기고, 직무 요건, 우대 사항, 근무 조건 등의 실제 지원 여부를 판단할 수 있는 문장을 중심으로 읽어야 한다. 또 하나의 사례. 회사에서 받은 메일에서 중요한 정보가 3줄 밑에 숨겨져 있을 수도 있다. 문서의 구조를 인식하고, 핵심이 어디에 위치해 있을지를 유추하며 읽는 훈련이 필요하다. '다 읽었는데 핵심이 기억나지 않는' 경우가 반복된다면, 그건 읽지 않은 것이나 다름없다.

◆ **핵심 정보 파악력을 기르기 위한 실전 팁**
✔ 제목만 믿지 말고, 글의 구조를 먼저 스캔하자.
  → 문단 나눔, 소제목, 굵은 글씨, 첫 문장에 핵심이 있을 확률이 높다. 읽기 전 질문을 떠올려 보자.

→ "내가 이 글을 통해 알고 싶은 건 무엇인가?"를 생각하고 나면 읽는 속도는 느려지지만 집중도는 높아진다.

✔ 3줄 요약 루틴 만들기.
→ 긴 글을 읽고 '핵심이 뭐였지?'라고 되묻는 대신, 스스로 3문장으로 요약하는 연습을 해 보자.

✔ 친구에게 설명하는 마음으로 읽기.
→ 읽은 내용을 '누군가에게 설명한다면 어떻게 말할까?'라고 상상해 보면 정리가 더 잘 된다. 핵심 정보 파악력은 지식의 총량과 상관없다. 오히려 '정보가 넘치는 시대에 필요한 절제력'에 가깝다. 무엇을 버릴 것인지, 무엇을 남길 것인지 그 선택을 스스로 할 수 있을 때, 비로소 읽기는 단순한 소비가 아니라 나의 힘이 된다.

4.2. 목적에 맞는 디지털 읽기 전략

디지털 시대의 청년들은 누구보다 많은 정보를 접하며 살아간다. 하루에도 수십 개의 유튜브 영상, 수백 개의 SNS 피드, 수많은 채팅과 뉴스 알림이 눈앞을 지나간다. 그만큼 우리는 끊임없이 '읽고' 있지만, 정작 중요한 질문은 따로 있다.

"무엇을 위해 읽고 있는가?"

과거의 읽기가 주로 책, 신문, 논문처럼 긴 호흡과 분석이 필요한 정보였다면, 오늘날의 읽기는 검색 중심, 클릭 유도형, 이미지 기반의 휘발성 콘텐츠가 대부분이다. 이 변화는 읽기의 양과 속도를 늘렸지만, 대신 깊이와 방향을 잃게 만들었다. 이제는 단순히 '많이 읽는 사람'이 아니라, 필요한 정보를 목적에 따라 똑똑하게 읽어 내는 사람이 앞서 나간다. 디지털 환경에서는 읽기 자체가 하나의 전략이자 기술이 된 셈이다.

◆ 목적이 없는 읽기는 기억에 남지 않는다.

많은 청년들이 이런 경험을 한다. 필요해서 뭔가를 검색했지만, 관련 기사, 광고, 후기, 블로그를 읽다 보면 어느 순간 처음 내가 뭘 찾고 있었는지도 헷갈린다. 그리고 정작 필요한 정보는 얻지 못한 채, 시간만 흘러 버린다. 이것은 정보의 부족이 아니라, 읽기의 방향이 없기 때문이다.

정보가 넘치는 시대일수록 "왜 이 글을 읽는가?", "내가 알고 싶은 건 정확히 무엇인가?"를 먼저 생각해야 한다. 읽기의 목적을 먼저 세우는 것. 그것이 바로 '목적에 맞는 읽기'의 출발점이다.

◆ 정보 탐색: '필요한 정보만 골라 읽는 힘'

디지털 공간은 무한하다. 그 속에서 자신에게 필요한 정보만을 추려내려면 단순한 검색만으로는 부족하다. 정보 탐색이란, '어디에 어떤 정보가 있는지를 알고, 그중 무엇을 선택할지를 판단하는 능력'이다. 예를 들어 자소서를 쓰기 위해 "지원 동기 예시"를 검색했다고 하자. 수천 개의 자료가 나오지만, 상단에 뜨는 글이 무조건 좋은 글은 아니다. 그중에는 지나치게 포장된 문장도 있고, 채용 담당자의 입장이 전혀 고려되지 않은 단순 경험 나열도 많다.

이때 필요한 전략은 다음과 같다:

✔ 검색어를 구체화하라.
"자기소개서 작성법"보다 "신입 마케터 자소서 지원 동기 실제 예시"처럼 나의 목적과 상황을 반영한 키워드로 바꿔야 한다.

✔ 출처를 살펴라.
블로그 글인지, 기업 홈페이지인지, 취업 컨설팅 사이트인지에 따라 정보의 신뢰도와 성격은 다르다. 글의 출처는 글의 성격을 결정짓는 중요한 맥락이다.

✔ 여러 자료를 비교하라.

하나의 정보만 보고 판단하면 오류가 생긴다. 비슷한 주제를 다룬 글을 세 가지 이상 읽고, 공통된 요소와 차이점을 비교하며 스스로 핵심을 정리하는 연습이 필요하다.

◆ 비판적 읽기: '이 정보는 믿을 만한가?'

디지털 콘텐츠는 빠르다. 속보, 요약 영상, 카드 뉴스, 댓글, AI 생성 콘텐츠까지—정보는 점점 더 짧고 간편하게 소비되도록 만들어지고 있다. 하지만 정보가 빠를수록, 오류와 편견도 섞여 있을 가능성은 높아진다. 특히, 청년들은 소셜 미디어에서 쉽게 노출되는 감정 자극형 글, 자기확신형 후기, 극단적 입장에 영향을 받기 쉽다. 그럴수록 우리는 읽으면서 질문을 던져야 한다.

- 이 글은 누구의 입장에서 쓰인 것일까?
- 사실을 말하는가, 아니면 의견을 말하는가?
- 어떤 표현 방식으로 나의 감정을 자극하고 있는가?
- 이 글이 말하는 내용은 어디서 근거를 가져온 것인가?

예를 들어 'MZ세대는 책임감이 없다'는 제목의 기사나 영상이 있다면,

- 이 주장이 어떤 통계에 기반하고 있는지,
- 어떤 사례를 일반화했는지,

- 다른 관점은 없는지 따져 보아야 한다.

비판적 읽기는 의심하기 위한 것이 아니라, 정보에 휘둘리지 않고 스스로 판단하기 위한 태도다. 읽는 순간 잠시 멈추고, '내가 지금 이 글을 그대로 받아들여도 괜찮은가?'를 스스로에게 물어야 한다.

읽는 양보다 중요한 것은 '무엇을 읽고, 어떻게 읽고, 왜 읽는가'이다. 목적에 따라 검색하고, 정보의 흐름을 비교하고, 그 속에서 자신의 판단을 지키며 읽을 수 있다면, 디지털 시대는 더 이상 정보의 혼란 속이 아니라, 가능성을 여는 공간이 될 수 있다. 지금부터는 눈으로 읽는 읽기가 아니라, 의도를 읽고, 방향을 읽는 문해력이 필요한 시대다.

4.3. 온라인 콘텐츠의 신뢰성 판단 방법

디지털 시대의 문해력은 단지 '글을 읽는 힘'에 머무르지 않는다. 이제는 그 글이 믿을 만한가를 판단하는 힘, 즉 신뢰성을 따지는 사고력까지 포함한다. 누군가가 쓴 글, 댓글, 기사, 후기, 영상이 사실인지 아닌지를 구별하지 못하면, 읽는 사람은 곧 정보 소비자가 아닌 정보 피해자가 되기 쉽다. 특히 청년 세대가 자주 접하는 정보는 신문이나 공식 리포트보다는 유튜브 영상, 블로그 후기, 카드 뉴스, 댓글 등 비공식적이면서 감정적인 콘텐츠가 많다. 이런 정보는 빠르고 친근하게 전달되지만, 그만큼 검증되지 않은 주장과 자극적인 편향이 섞여 있을 가능성이 크다.

◆ "이 글, 믿어도 되는 걸까?"

신뢰성 있는 정보를 선별하려면 정보를 '그럴듯하다'는 이유만으로 받아들이지 말고, 다음과 같은 질문을 스스로 던져 보아야 한다.

① 누가 썼는가?

정보는 발신자가 누구인지에 따라 해석이 달라진다. 정부기관, 언론사, 개인, 기업, 광고성 콘텐츠 등 각각의 입장과 목적이 다르므로 정보가 어디서 나왔는지를 먼저 살펴야 한다. 예를 들어, "하루 한 끼만 먹어도 건강해집니다."라는 글이 영양학자가 쓴 글과 건강 보조식품을 판매하는 회사가 쓴 글은 같은 내용이어도 신뢰도는 다르게 느껴져야 한다.

② 왜 썼는가?

정보는 언제나 의도를 가진다. 그 글은 순수한 정보 전달일 수도 있고, 누군가의 입장을 설득하거나 상품을 판매하기 위한 전략일 수도 있다. 읽을 때는 '무엇을 말하는가'보다 '왜 이 글을 썼을까?'라는 질문이 더 중요하다.

③ 근거가 있는가?

진짜 정보는 출처와 근거를 명확히 밝힌다. 기사라면 인용된 자료나 통계가 있어야 하고, 영상이라면 그래프나 문헌 출처가 따라야 한다. "사람들이 그렇다더라.", "이게 요즘 트렌드다."는 증거 없는 주장에 불과하다.

④ 반대 의견은 어떤가?

한 가지 주장만 듣고 믿는 것은 위험하다. 정보의 균형을 보기 위해서는 다른 시각이나 반론을 함께 살펴야 한다. 특히 논쟁적인 주제일수록 다양한 관점을 읽는 노력이 필요하다.

◆ 실전 적용 예

✔ 상황 1. SNS에서 본 건강 정보
"물만 마셔도 살이 빠지는 다이어트"라는 글을 봤을 때
→ 누가 썼는가? (전문가인가, 광고인가?)
→ 근거가 있는가? (논문, 통계, 의학 자문 여부)
→ 유사한 다른 정보들과 비교해 보았는가?

✔ 상황 2. 유튜브에서 본 직무 후기 영상
"대기업 인턴은 아무것도 안 한다!"
→ 특정 경험 하나를 전체로 일반화한 것은 아닌가?

→ 반대되는 경험도 있는가?

→ 감정적으로 몰아가는 방식은 아닌가?

◆ 신뢰성 판단을 위한 4가지 질문

질문	설명
누가 말했는가?	발신자의 신뢰성, 전문성
왜 말했는가?	목적과 의도 파악
근거가 있는가?	출처, 인용, 자료 유무
다른 관점은?	균형 있는 정보인지 확인

디지털 시대는 누구나 정보를 만들 수 있는 시대이기도 하다. 이제는 읽는 사람의 책임도 크다. 정보가 진실처럼 보일수록 더 의심하고, 공감될수록 한 걸음 물러서 보는 힘. 그것이 바로 신뢰성을 판단하는 문해력이다. 문해력이 있는 사람은 감정보다 근거를 먼저 읽는다. 눈앞의 글을 그대로 믿지 않고, 그 뒤에 있는 목적과 논리를 함께 읽는 사람이 되어야 한다.

4.4. 일상 속 디지털 읽기 루틴 만들기

우리는 매일같이 수많은 정보를 보고 듣는다. 스마트폰을 켜는 순간부터 잠들기 전까지, 뉴스 헤드라인, 유튜브 자막, SNS 피드, 각종 공지와 메시지가 쉼 없이 눈앞을 스쳐 간다. 그러나 그중에서 진짜로 내 것이 되는 정보는 얼마나 될까? '읽는다'는 행위는 단순한 정보 수용이 아니다. 정보를 자신의 것으로 정리하고, 해석하며, 판단할 수 있을 때 비로소 문해력이 작동한다고 말할 수 있다. 그렇기 때문에 문해력을 높이기 위한 핵심은 꾸준한 훈련이다. 그리고 그 훈련의 가장 효과적인 방법이 바로 루틴화, 즉 일상 속에서 반복할 수 있는 읽기 습관을 만드는 일이다.

문해력은 지식이 아니라 능력이다. 운동처럼 반복하면 익숙해지고, 방향이 생긴다. 읽기의 방향을 만들고, 정보 속에서 중심을 잡기 위해서는 나만의 디지털 읽기 루틴이 필요하다. 일상에서 실천 가능한 디지털 읽기 루틴. 루틴은 거창할 필요가 없다. 하루 5분, 짧은 뉴스 하나만 제대로 읽어도 충분하다. 중요한 건 단순히 글을 훑는 것이 아니라, 읽기 전에 목적을 정하고, 읽은 뒤에 정리하는 습관을 만드는 것이다.

가장 쉽게 시작할 수 있는 루틴은 '하루 1기사 3줄 요약'이다. 하루에 하나의 뉴스 기사를 골라 읽고, 그 내용을 세 문장으로 정리해 보는 것이다.

① 주제가 무엇이었는지,
② 어떤 근거나 사례가 있었는지,

③ 그 글을 읽고 떠오른 생각이나 질문은 무엇이었는지를 스스로 정리해 보는 방식이다.

이 훈련을 통해 단순히 읽고 넘기는 것이 아니라, 읽은 내용을 내 생각으로 가공하는 힘을 기를 수 있다.

또 다른 루틴은 '읽기 전 질문 만들기'다. 어떤 콘텐츠를 읽기 전에 스스로에게 질문을 던져 보는 것이다.

"나는 이 글에서 무엇을 알고 싶은가?"
"이 정보가 나에게 어떤 도움이 될 수 있을까?"

질문을 품고 읽으면 집중력은 높아지고, 글의 맥락을 파악하는 힘도 자연스럽게 향상된다. 읽은 뒤에는 질문에 대한 답을 찾았는지 되묻는 습관을 붙이자. 그 과정 속에서 읽기의 목적과 결과가 연결되고, 자신의 사고 체계를 점검할 수 있게 된다.

이 외에도 매체별로 반복 가능한 루틴을 만들 수 있다. 예를 들어, SNS 콘텐츠를 볼 때는 '누가 썼는가?', '왜 썼는가?', '근거가 있는가?', '다른 시각은 없는가?'를 체크하는 간단한 신뢰성 점검 루틴을 적용해 볼 수 있다. 이런 루틴을 반복하면, 자극적인 정보에 감정적으로 반응하는 일이 줄고, 정보에 휘둘리지 않고 판단하는 힘이 길러진다.

　루틴의 핵심은 '기록과 의식화'다. 아무리 많이 읽어도, 그 내용을 정리해 보지 않으면 쉽게 잊힌다. 읽은 내용을 한 줄이라도 글로 남기고, 말로 정리하고, 다시 떠올려 보는 과정이 있어야 정보는 내 안에 머문다. 루틴의 핵심은 그래서 '기록'이다. 꼭 긴 글이 아니어도 좋다. 핵심 키워드만 적거나, 메모 앱에 짧게 생각을 남기는 것으로도 충분하다. 또한 루틴을 일상에서 의식적으로 반복하는 것이 중요하다. 처음에는 어렵게 느껴질 수 있지만, 일주일만 반복해도 뇌는 패턴을 기억하고, 점점 읽기의 방향 감각이 생긴다.

　지금 이 시대는 '정보가 부족한 시대'가 아니다. 문제는 '정보가 너무 많다'는 데 있다. 그래서 중요한 건 얼마나 많이 읽었느냐가 아니라, 어떻게 읽고, 무엇을 남겼느냐이다. 루틴은 나의 읽기를 디자인하는 일이다. 읽기의 목적을 분명히 하고, 정보 속에서 중심을 잡고, 매일 작게 실천하는 루틴을 만들 수 있다면, 그것은 단순한 읽기를 넘어 생각하고 판단하는 힘을 키우는 첫걸음이 될 것이다.

　"읽는다고 끝이 아니다. 정리하고 남겨야 문해력이 된다."

◆ 요약 정리 박스 ◆

✔ 루틴의 필요성
정보를 읽고 흘려보내지 않기 위해서는 의식적이고 반복적인 읽기 훈련이 필요하다.

✔ 루틴의 원칙
간단하게, 매일 반복 가능하게. 읽기 전 목적 → 읽기 후 요약 → 판단과 기록의 구조 만들기

✔ 추천 루틴
① 하루 1기사 3줄 요약
② 읽기 전 질문 만들기
③ 신뢰성 점검 질문(누가/왜/근거/다른 시각)

✔ 실천 팁
글로 정리하거나 말로 설명해 보자. 짧게라도 기록이 남으면 문해력이 축적된다.

✔ 루틴의 효과
읽기 능력 향상뿐 아니라, 생각을 정리하고, 정보를 자기화하는 힘을 기르게 된다.

◆ **실천 노트 (Action Note)** ◆

✔ 나의 디지털 읽기 루틴 설계

매일 읽을 콘텐츠:
_____
_____

읽기 전 내가 던질 질문:
_____
_____

읽은 뒤 요약해 볼 내용:
_____
_____

오늘부터 실천할 루틴(1줄 목표):
_____
_____

5장
생각을 정리하고 표현하는 글쓰기 능력 키우기

5.1. 글쓰기는 곧 생각 정리

"생각은 많은데, 말하려고 하면 정리가 안 돼요."
"글을 써야 할 때 항상 머리가 하얘져요."

글쓰기를 힘들어하는 청년들은 이렇게 말한다. 그런데 이 말에는 중요한 진실이 숨어 있다. 글쓰기가 어려운 게 아니라, 생각이 아직 정리되지 않았기 때문이라는 사실이다. 글쓰기는 단지 문장을 잘 만드는 기술이 아니다. 내 생각을 꺼내고, 순서를 정하고, 논리적으로 정리하는 사고의 과정이다. 글쓰기를 하다 보면 자신도 몰랐던 생각의 빈틈이나 모순, 감정의 덩어리가 드러나기도 한다. 그래서 글쓰기는 어렵지만, 동시에 가장 효과적인 생각 정리 훈련 도구이기도 하다.

글을 써 보면 내가 뭘 모르는지 보인다.

예를 들어 보자. 친구와 갈등이 생겨 속상한 하루를 보낸 후, 일기장에 '내가 왜 이렇게 서운했는지'를 써 보려 한다. 처음엔 감정이 쏟아지지만, 조금만 더 써 보면 '정확히 뭐가 불편했는지'를 구체적으로 표현하기 어려워진다. '내가 그 말에 상처 받았던 이유', '그 상황이 반복된 이유'를 쓰다 보면, 단순한 감정에서 벗어나 사건의 맥락과 본질을 직면하게 된다.

또 하나의 사례. 아르바이트를 시작하며 사장님이 건넨 근로계약서를 작성하려 할 때, '이게 무슨 뜻이지?' 싶은 조항들이 생긴다. "주휴수당은 언제 지급되는지", "해고 통보는 며칠 전에 받는 건지" 궁금한 내용이 많지만, 막상 물어보려 하니 말이 잘 안 나온다. 이럴 때 질문을 글로 정리해 보면 다르다. '내가 지금 무엇을 정확히 알아야 하는가', '그 질문을 어떻게 표현하면 상대가 정확히 이해할 수 있을까'를 고민하게 된다. 정보를 구조화하고 질문을 명료하게 만드는 과정, 이것이 바로 글쓰기다.

◆ **생각을 정리하는 글쓰기의 3단계**
✔ **핵심 정리: 하고 싶은 말이 무엇인가?**
글은 생각을 정리하는 훈련이지만, 그 시작은 핵심 문장 찾기다. 하나의 글에는 하나의 메시지가 있어야 한다. 가족에게 서운한 마음을 표현할 때도, "나는 무시당했다고 느꼈다."와 같이 감정의 핵심을 잡으면, 말도 글도 명확해진다.

✔ 논리 흐름 만들기: 무엇 → 왜 → 그래서

'상황 설명 → 감정과 이유 → 내가 바라는 것'의 구조로 정리하면 감정 전달이 아닌 논리적인 소통이 가능하다. 글쓰기 루틴은 이렇게 생각의 순서를 훈련하는 데 탁월하다.

✔ 독자 입장에서 보기: 내가 아니라 상대가 이해할 수 있게

글은 혼잣말이 아니다. 특히 아르바이트 근로 조건, 학생회 보고서, 동아리 공지처럼 상대가 읽고 행동해야 하는 글일수록, 명확한 구조, 쉬운 표현, 적절한 길이가 중요하다.

◆ **글쓰기는 문해력의 종합 훈련이다**

읽기와 말하기가 '즉각적인 반응'이라면, 글쓰기는 생각의 구조와 표현을 동시에 점검할 수 있는 유일한 방식이다. 내 생각을 꺼내, 정리하고, 표현하는 이 과정 속에서 문해력은 한 단계 더 단단해진다.

생각은 누구나 한다. 하지만 그 생각을 글로 써 보는 순간, 그것이 얼마나 정리되어 있었는지, 얼마나 전달 가능한 형태였는지가 드러난다. 글쓰기는 단지 글을 잘 쓰기 위한 훈련이 아니다. 청년의 삶에서 오해

없이 말하고, 정확하게 이해받기 위한 '생각 정리의 루틴'이다. 서툴러도 괜찮다. 문장이 어색해도 괜찮다. 처음엔 단 몇 줄이라도, 생각을 쓰기 시작하는 그 순간부터 문해력은 자라나기 시작한다.

"글쓰기는 감정을 털어내는 일이 아니라, 생각을 다듬는 일이다."

◆ 요약 정리 박스 - 생각을 정리하는 글쓰기 핵심 요약 ◆

✔ 글쓰기란?
생각을 꺼내고, 정리하고, 구조화하는 사고의 도구

✔ 왜 어려운가?
내 감정과 사고의 정돈 정도가 그대로 드러나기 때문

✔ 일상 속 예시
친구와의 갈등 일기, 아르바이트 근로 계약 질문, 가족과의 서운함 전달 등

✔ 핵심 훈련 포인트
① 하고 싶은 말 명확히 하기
② 생각 순서 정리(무엇→왜→그래서)
③ 상대가 이해할 수 있게 쓰기

> ✔ 문해력과의 연결
> 글쓰기는 문해력 4요소(L-CODE)를 종합적으로 사용하는 훈련법이다

5.2. 핵심 중심 문장 만들기 연습

하고 싶은 말이 '한 문장'으로 잡힐 때, 글은 흐름을 갖는다. 글을 쓰다 보면 종종 이런 경험을 한다. 처음엔 말하고 싶은 게 뚜렷했던 것 같은데, 막상 글을 쓰기 시작하면 생각이 이리저리 퍼지고, 문장은 자꾸만 길어지고, 결국에는 내가 무슨 말을 하고 싶은지도 헷갈려진다. 이럴 땐 대부분 '핵심 중심 문장'이 잡히지 않은 채 글쓰기를 시작했기 때문이다. 글에는 반드시 중심이 있어야 한다. 하나의 주제, 하나의 메시지, 하나의 관점이 정해지지 않으면, 글은 '이야기'가 아니라 '정보의 나열'에 머물게 된다.

글이 어지러운 건, 생각이 흩어졌기 때문이다.
예를 들어 보자. 취업 준비 중인 진아는 학교 커뮤니티에 '요즘 청년 세대가 겪는 불안감'에 대한 칼럼을 써 보기로 마음먹었다. 막상 쓰기 시작하니, 학자금 대출 이야기, 자소서 탈락, 부모님의 기대, 친구와의 비교, 미래에 대한 걱정까지 수많은 생각이 얽히기 시작했다. 글은 길어졌지만, 중심이 없었다. 독자는 그 글을 읽으며 "결국 하고 싶은 말

이 뭐지?"라는 생각을 하게 된다. 이럴 때 필요한 것은 긴 글을 다듬는 기술이 아니라, 한 문장으로 요약할 수 있는 힘, 바로 핵심 중심 문장을 만드는 훈련이다.

핵심 문장은 '이 글이 왜 존재하는지'를 설명해 주는 문장이다. 예를 들어 진아의 글이 이렇게 정리된다면 어떨까? "청년들이 불안한 건 게으르기 때문이 아니라, 준비해도 통하지 않는 세상 때문이라는 걸 말하고 싶었다." 이 한 문장이 잡히면, 앞서 언급한 여러 이야기도 중심을 향해 정렬되기 시작한다. 핵심이 정해지면 어떤 사례를 넣고 어떤 흐름으로 구성할지를 결정할 수 있다. 글의 방향이 생긴다는 것, 그것이 바로 핵심 문장이 갖는 힘이다.

◆ **핵심 문장을 만들기 위한 세 가지 연습법**

① "그래서 하고 싶은 말이 뭐야?"라고 스스로 묻기

글을 쓰다가 길을 잃었다면, 스스로에게 이 질문을 던져 보자.

"결국 이 글에서 내가 하고 싶은 말 한 가지는 뭔가?"

그 질문에 답할 수 있어야 글을 다시 중심으로 돌릴 수 있다.

② 한 문장으로 요약하는 습관 만들기

매일 하나의 주제에 대해 "내가 이걸 한 문장으로 정리하면 어떻게 말할까?"를 연습해 보자. 처음엔 어려워도, 몇 줄로 정리하던 생각이 점점 주제-주장-근거가 포함된 한 문장으로 응축되기 시작한다.

③ 글을 다 쓴 뒤 중심 문장을 다시 점검하기

글을 쓰다 보면 처음의 중심이 바뀌기도 한다. 괜찮다. 중요한 건 완성된 글이 '무엇을 말하고 싶은 글인가'를 독자가 느낄 수 있는지다. 글을 다 쓴 뒤 핵심 중심 문장이 있는지 다시 돌아보는 습관을 갖자.

◆ 실생활 속 핵심 문장 훈련 예시

✔ 가족과의 대화 정리

어머니와의 말다툼이 있은 후, 감정이 뒤섞인 상태로는 대화가 어렵다. 그럴 땐 글로 정리해 보자.

"엄마가 잔소리를 하신 이유가 나를 걱정해서라는 걸 아는데, 요즘엔 위로 없이 지적만 받아서 서운했다."

이 한 문장이 있다면, 그 이후 어떤 말을 꺼내고, 어떤 표현을 피해야 할지도 스스로 판단할 수 있다. 감정에서 논리로 넘어가는 다리가 바로 글쓰기다.

✔ 아르바이트 후기 정리

첫 알바를 마친 뒤 SNS에 후기를 남기려 한다면, 무엇을 중심으로 이야기할지를 먼저 정해 보자. "고객 응대는 화내지 않는 것이 전부가 아니라, 먼저 상황을 설명해 주는 배려가 필요하다는 걸 배웠다." 이 문장이 잡히면, 일하면서 겪은 구체적인 사례도 더 설득력 있게 전달된다.

✔ 자기소개서 초안 구성
자기소개서를 쓸 때도 중심 문장부터 잡아야 방향이 선다. 예를 들어 마케팅 직무 지원서라면 이렇게 시작할 수 있다.
"저는 고객의 행동 패턴을 분석해 콘텐츠를 개선하는 데서 성과를 낸 경험이 있습니다."
이 중심이 잡히면, 그다음엔 경험, 분석 방식, 성과 등의 구성 요소가 자연스럽게 이어진다.

글쓰기, 길게 쓸 필요는 없다. 명확하게 써야 한다. 많은 사람들이 글을 잘 쓰는 사람은 '문장을 길게 쓸 수 있는 사람'이라고 생각하지만, 실제로 중요한 건 짧더라도 중심이 잡힌 문장이다. 요즘처럼 바쁜 디지털 환경에서 중심 없는 글은 읽히지 않는다. 핵심 문장 하나로도 독자의 이해와 공감을 얻을 수 있다면, 그 글은 이미 절반의 설득에 성공한 것이다.

글을 쓰다 길을 잃는 건 당연하다. 하지만 핵심 중심 문장을 만드는 힘을 기르면 언제든 글을 다시 본론으로 돌려놓을 수 있다. 하루에 한 문장이라도 좋다. 일기를 쓰든, 피드에 남기든, 대화 준비를 하든 "내가 진짜 하고 싶은 말 한 줄"을 써 보는 연습을 시작하자. 생각은 쌓이지만, 중심이 없다면 그건 말이 아니라 소음이다. 글쓰기 훈련의 시작은 말하고 싶은 문장 하나를 또렷하게 세우는 것에서 출발한다.

"글이 길 필요는 없다. 중심이 분명하면, 한 문장으로도 충분하다."

◆ 요약 정리 박스 ◆
핵심 중심 문장 만들기의 핵심

✔ 핵심 중심 문장이란
글의 방향과 메시지를 명확하게 드러내는 중심축 역할

✔ 왜 중요한가
핵심이 없으면 글의 구조도, 독자의 이해도 흔들린다

✔ 훈련법
① "하고 싶은 말은 뭔가?" 질문하기
② 한 문장 요약하기
③ 글 끝에 다시 중심 확인하기

✔ 실생활 적용
가족과의 갈등 정리, 알바 경험 회고, 자기소개서 문장 설계 등

> ✔ 추천 루틴
> 하루 한 문장 - 내 하루를 핵심 문장으로 정리해 보기

5.3. 다양한 글쓰기 플랫폼 활용

일상에서 꾸준히 실천하는 문해력 훈련법 중 하나는 '글쓰기'이다. 글쓰기 실력을 키우고 싶다면, 무엇보다 중요한 것은 '반복'이다. 하지만 막상 "매일 글을 쓰자"고 마음먹으면, 어떻게 시작해야 할지 막막하고, "잘 써야 한다"는 부담감에 금세 멈추게 되기 쉽다. 이럴 때 필요한 건 잘 쓰는 법이 아니라, 편하게 쓸 수 있는 장소와 방식, 즉 나만의 글쓰기 플랫폼을 찾는 것이다. 요즘은 누구나 쉽게 접근할 수 있는 다양한 디지털 플랫폼이 있다. 스마트폰 메모 앱, SNS, 블로그, 전자일기 앱까지. 글쓰기를 위한 문턱은 낮아졌고, 연습할 수 있는 공간도 다양해졌다. 중요한 건 어디에 쓰느냐가 아니라, 어떤 생각을 담고, 어떤 훈련의 기회로 삼느냐다. 이 장에서는 청년이 일상에서 실천할 수 있는 3가지 대표 플랫폼을 중심으로 각각의 특징과 문해력 훈련법을 제안한다.

1) 일기: 나를 정리하는 가장 솔직한 글쓰기

일기는 세상에 보여 주지 않아도 되는 글이다. 그렇기 때문에 오히려 가장 진실하게 나 자신을 마주할 수 있는 글쓰기 도구다. 예를 들어,

아르바이트 중 억울한 상황이 있었을 때, 그 일을 일기장에 써 보면 단순히 "짜증났다"로 끝나는 것이 아니라, "왜 그 상황이 나를 화나게 했는지", "그때 어떤 말을 하고 싶었는지" 나의 감정과 판단의 구조가 드러나게 된다. 또한 친구와의 갈등, 가족과의 대화, 진로 고민 등 감정이 엉켜 있는 순간들을 일기로 정리하면 생각이 정돈되고, 감정은 줄고, 방향이 생긴다. 이것이 바로 글쓰기를 통한 사고 정리이자, 문해력 훈련의 출발점이다.

→ 추천 루틴
- 하루에 하나의 감정이나 사건을 3~5줄로 정리
- 마지막 줄에는 "오늘 내가 배운 점" 또는 "지금 나의 상태" 한 줄 쓰기

2) SNS: 짧지만 명확하게 표현하는 훈련 공간

SNS는 짧은 글로 감정과 생각을 표현하는 공간이다. 청년들이 가장 자연스럽게 글을 쓰는 공간이기도 하다. 하지만 그만큼 무의식적으로 글을 쓰는 경우도 많다. 예를 들어, 유튜브 영상이나 뉴스 기사에 제목만 읽고 댓글을 달다가 내용을 완전히 오해한 채 공격적인 글을 쓰는 경우가 있다. 또는 특정 단어나 문구에만 집중한 채 맥락을 벗어난 이야기를 하는 경우도 있다. 이는 글을 쓴 사람의 의도나 상황을 고려하지 못한 '맥락 부족형 댓글'이다. 짧은 댓글도, 감정과 판단이 개입된 글인 만큼 '이 상황의 맥락을 제대로 이해했는가?', '이 댓글을 읽는 사람

이 어떻게 느낄까?'를 점검해야 한다.

반대로 SNS는 짧은 글로 핵심을 표현하는 훈련의 기회이기도 하다. 사진과 함께 "오늘 하루 좋았음"이라고만 쓰는 대신, "아무 일도 없는 날이 이렇게 고마울 줄은 몰랐다"처럼 감정과 메시지를 함께 담은 한 문장 글쓰기를 시도해 보는 것이다.

→ 추천 루틴
- 하루 한 개의 '감정/생각/장면'을 한 문장으로 정리
- 댓글이나 피드 작성 시 "지금 이 정보, 충분히 알고 쓰는 걸까?" 자문하기
- 누군가에게 읽히는 글임을 잊지 말고, 한 번 더 생각하고 쓰기

3) 블로그: 생각을 구조화하는 반공식적 훈련장

블로그는 SNS보다 길고, 일기보다 공개적이다. 특히 주제 중심으로 글을 쓰고 싶은 사람에게는 논리적 사고와 구조화 훈련을 동시에 할 수 있는 훌륭한 플랫폼이다. 예를 들어, 아르바이트를 하면서 배운 점을 블로그에 정리하면 단순한 경험 공유를 넘어 '무엇을 겪었고 → 무엇을 느꼈고 → 어떻게 변화되었는가'라는 구조로 글을 설계하게 된다.

이 과정은 자기소개서, 보고서, 발표문 등 실전 문해력에도 연결된다. 또한 블로그에 나만의 공부법, 진로 탐색기, 책 리뷰 등을 정리하면

생각을 언어화하고, 기록으로 남기며, 점검하는 습관이 생긴다.

→ 추천 루틴
- 주 1회, 하나의 주제로 글쓰기 (예: 일하는 철학, 수업 후기, 나의 회복 루틴)
- 글 말미에 "내가 이 글을 통해 말하고 싶었던 핵심 문장은 무엇인가?" 적어 보기

생각 없이 쓴 글은 공감을 얻지 못한다. 디지털 글쓰기는 빨라졌지만, 그만큼 '덜 생각하고 쓰는 글'이 많아졌다. 짧게 쓰더라도 생각이 담기지 않으면, 글은 그냥 텍스트일 뿐이다. 글의 길이는 중요하지 않다. 중요한 건 읽는 사람의 입장을 고려하고, 상황을 파악한 뒤, 맥락 안에서 말하는 힘이다.

글쓰기는 특정 플랫폼에서만 이루어지는 행위가 아니다. 카카오톡 한 줄, 댓글 하나, 메신저 메시지, 인스타 한 문장 한 문장이 모두 글쓰기다. 글을 '잘' 쓰는 것보다, 글을 '의도적으로' 쓰는 것이 더 중요하다. 오늘 내가 남긴 한 줄, 그 안에 의미와 책임, 표현의 온도가 담겨 있다면 당신은 이미 문해력 있는 글쓰기를 시작한 것이다.

"어디에 쓰든, 생각 없이 쓰지 말자. 글은 나를 드러내는 도구다."

[다양한 글쓰기 플랫폼별 훈련 요약]

플랫폼	훈련 목적	특징	추천 루틴
일기	감정과 생각 정리	가장 솔직하고 자유로운 글쓰기	하루 한 사건 또는 감정 3줄로 기록
SNS	핵심 표현 훈련 + 맥락 고려	짧지만 공감과 책임이 요구됨	한 줄 핵심 문장 연습, 댓글 전 자문 루틴
블로그	논리적 구조화 훈련	주제 중심의 기록과 정리	주 1회 주제 기반 글쓰기 + 중심 문장 정리

5.4. 글쓰기 기본 원칙

1) 주제 선정

하고 싶은 말이 많을수록, 더 간결하게 중심을 잡아야 한다. 글쓰기를 막 시작할 때 가장 흔하게 겪는 어려움 중 하나는 "쓸 말은 많은데, 어디서부터 어떻게 시작해야 할지 모르겠다"는 감정이다. 특히 청년들은 겪은 경험도 다양하고, 하고 싶은 말도 많다 보니 글을 쓰려고 앉았을 때 첫 문장부터 모든 걸 다 풀어내고 싶어 한다. 그러다 보면 글은 방향을 잃고, 이야기가 분산되거나 감정만 쏟아지는 구조가 된다.

◆ 예시: 중심을 잃은 글쓰기

> 나는 요즘 학교생활에 회의감이 든다. 하고 있는 공부가 진짜 나에게 맞는지도 모르겠고, 동시에 취업 시장은 너무 현실적으로 느껴진다. 주변 친구들은 벌써 인턴을 하거나 자격증을 따고 있는데, 나는 그 속도를 따라가지 못하는 것 같아 불안하다. 부모님은 좋은 회사에 들어가길 바라시지만, 나는 꼭 그렇게 살아야 하나 싶은 마음도 있다. 이 모든 생각들이 섞여서 요즘 진로에 대한 고민이 너무 많아졌다.

자신의 진로 고민을 다루는 글을 쓰고 싶었던 대학생 수현은 막상 글을 쓰다 보니 "요즘 학교생활에 대한 회의감", "취업 시장의 현실적인 압박", "부모님의 기대와 스트레스", "주변 친구들의 성공적인 진로 선택에 대한 비교 심리"까지 이야기를 한꺼번에 담았다. 공개된 글이라면, 독자는 이 글의 핵심을 바로 이해할 수 있어야 한다. 글을 읽는 독자 입장에서는 수현이 '진짜로 하고 싶은 말이 무엇인지' 도저히 파악하기 어려울 것이다. 내용은 많았지만, 메시지는 없기 때문이다.

많은 사람들이 "이건 나만 보는 글인데 굳이 주제를 잡을 필요가 있을까?"라고 생각할 수 있다. 하지만 혼자 쓰는 글일수록 주제를 정하는 습관을 들이면 사고력과 글쓰기 능력 모두가 빠르게 성장한다. 예를 들어 일기든, 메모든, SNS든 간에 "내가 지금 이 글에서 가장 하고 싶은 말은 뭘까?"를 스스로 묻고 한 줄로 정리해 보는 훈련만 해도, 글은 훨씬 선명해지고 생각은 흐르지 않고 쌓이기 시작한다. '읽히는 글'이 아니라도, 중심이 있는 글은 결국 나 자신을 더 깊이 이해하게 만든다. 그 글이 1년 뒤, 다시 꺼내 읽었을 때 가장 명확하게 메시지를 전달해 주는 건, 길이가 아니라 중심의 유무다.

⋯▸ 이렇게 바꿔 보자

> 나는 요즘 부모님의 기대와 내가 원하는 진로 사이에서 깊은 부담을 느낀다. 아버지는 안정적인 직장, 어머니는 공무원 같은 확실한 미래를 원하시지만, 나는 아직 내가 진짜 잘할 수 있고 흥미 있는 일이 무엇인지 탐색 중이다. 특히 최근에는 콘텐츠 기획 쪽에 관심이 생겼지만, 부모님께 말씀드리면 실망하실까 걱정돼 쉽게 꺼내지 못하고 있다.
> 내가 어떤 길을 선택하든 그 기대를 저버리는 듯한 마음이 들고, 그 때문에 내 선택이 틀린 건 아닌지 스스로 의심하게 된다. 결국 부모님의 기대를 어떻게 마주하고, 내 진로를 어떻게 설계할 것인지가 지금 내가 풀어야 할 가장 중요한 과제다.

이 문단은 '부모님의 기대와 나의 진로 사이에서 느끼는 부담'을 중심 주제로 삼고 있다. 주제 선택이 명확하기 때문에 글의 흐름이 전체적으로 안정감을 갖고 전개된다. 먼저, 서두에서는 부모님의 기대가 어떤 방향인지, 그리고 그것이 본인의 진로 고민에 어떤 영향을 미치고 있는지를 소개하며 상황을 정리한다. 그다음에는 자신이 관심을 갖고 있는 분야와 부모님의 기대 사이에서 갈등하는 구체적인 감정을 묘사하면서 개인적인 고민이 설득력 있게 드러난다.

마지막으로, 이러한 고민이 단순한 감정의 문제가 아니라 앞으로 풀어야 할 현실적인 과제라는 점을 정리하며 글을 마무리한다. 문장의 구조 역시 비교적 짧고 명료해서 읽는 이로 하여금 감정과 상황을 자연스럽게 따라갈 수 있게 한다. 감정 표현은 솔직하면서도 절제되어 있으며, 논리적인 흐름도 갖추고 있어 개인적인 고민을 타인에게 설득력 있게 전달하는 글의 형식을 잘 갖추고 있다고 볼 수 있다.

[블로그 글쓰기]
여행 후기를 쓰면서, 맛집, 숙소, 교통, 감정, 여행 팁까지 한 글에 다 담으면 정작 어떤 정보를 주고 싶은 건지 흐려진다.
→ '혼자 여행에서 가장 인상 깊었던 순간'처럼 좁히면 글이 살아난다.

[SNS 포스팅]
감정 정리, 일상 기록, 누군가에 대한 메시지를 한 줄에 다 담으려 하면 문장이 무거워지고, 공감도 줄어든다.
→ 오늘 가장 강하게 느낀 한 장면, 한 감정을 선택하자.

◆ **훈련 팁: 글쓰기 전에 다음 질문을 해 보자**

"이 글에서 내가 딱 하나 전하고 싶은 건 뭐지?"
→ 이 질문에 한 문장으로 답할 수 있다면, 주제 선정이 끝난 것이다.
"지금 쓰고 있는 내용이 이 메시지에 필요할까?"
→ 이 질문은 글이 흔들릴 때 중심을 잡아 주는 나침반이 된다.

하고 싶은 말이 많을수록, 하나를 고르는 연습이 필요하다. 글은 말보다 느리기 때문에 하나의 중심을 잡고, 그걸 끝까지 지켜 나가는 힘이 중요하다. 처음엔 어렵더라도 글의 목적과 메시지를 하나로 압축해 보는 훈련은 문해력뿐 아니라 기획력, 표현력, 사고력 모두를 함께 키워 주는 도구가 된다.

"하고 싶은 말이 많을수록, 딱 하나만 고르는 용기가 필요하다."

2) 자료 수집: 생각의 근거 만들기

글의 신뢰도와 설득력을 결정짓는 '정보의 힘'은 '자료 수집'에 있다. 글을 쓸 때 많은 청년들이 가장 먼저 고민하는 것은 "어떤 말을 써야 하지?"라는 부분이다. 하지만 사실 더 중요한 건, 그 생각에 어떤 근거가 붙어 있느냐이다. 주장이나 감정만을 쏟아 내는 글은 쉽게 읽히지 않는다. 반면, 그 생각이 '왜 그렇게 생각하게 되었는지'를 보여 주는 자료가 함께 있을 때 글은 독자를 설득하고, 더 깊은 울림을 준다.

① 블로그 글: "MZ세대는 왜 퇴사를 쉽게 결심할까?"

예를 들어 '요즘 MZ세대는 너무 쉽게 회사를 그만두는 것 같다'는 글을 쓰려는 상황을 생각해 보자. 이 생각을 말로는 누구나 할 수 있다. 하지만 글로 쓸 때는 단순한 인상비평으로 받아들여질 수 있다. 이럴 때 필요한 것이 바로 근거를 통해 생각을 뒷받침하는 자료 수집이다.

→ 관련 자료를 찾는다면?

통계청이나 잡코리아에서 발표한 청년층 이직률 데이터, 실제 퇴사를 결심했던 본인이나 지인의 경험 사례, "워라밸"을 중시하는 MZ세대의 가치관을 설명한 전문가 칼럼 등. 이러한 자료를 글에 함께 넣는 순간, 글의 깊이가 달라진다. 단순한 주장에 사실성, 공감, 신뢰가 덧붙는 것이다.

② 자기소개서: "문제 해결 경험"

자기소개서를 쓸 때도 자료 수집은 중요하다.

"저는 책임감 있게 일합니다."라고 말하는 것만으로는 설득력이 없다. 그 책임감이 드러나는 구체적인 사례, 즉 "언제, 어디서, 누구와, 어떤 상황에서, 어떻게 행동했는지"에 대한 정보가 들어가야 한다.

→ 필요한 자료는?

학과 프로젝트 발표 자료, 아르바이트 매출 개선 실적, 실제 받은 피드백 메시지나 메일 일부, 이런 작은 팩트의 조각들이 자기소개서를 살아 움직이게 만든다.

③ SNS 글쓰기: 감정 표현도 근거가 필요하다

감정이 담긴 글에도 근거는 중요하다. 예를 들어 "오늘 너무 억울했다"는 한 문장을 SNS에 쓴다고 하자. 그 말에 힘을 실어 주는 건, 그 억울함을 구체적으로 설명해 주는 배경 정보다.

→ "손님이 주문을 잘못 넣어 놓고 화를 냈다. 내가 끝까지 사과했지만, 아무 말 없이 나가 버렸다. 이건 내 실수가 아니라는 걸 너무 잘 아는데, 그래도 마지막까지 죄송하다고 말하는 내가 좀 억울했다."

이처럼 작은 사건 하나라도 구체적인 상황과 감정의 맥락을 함께 써 주면 독자는 "왜 그렇게 느꼈는지"를 공감할 수 있고, 글이 단순한 감정 배설이 아닌 이해 가능한 이야기가 된다.

자료 수집의 원칙은 "많이"보다 "정확하게".

자료를 많이 모으는 것이 능사는 아니다. 주제와 핵심 메시지를 가장 잘 뒷받침해 줄 수 있는 2~3개의 정보만 골라 사용하는 것이 효과적이다. 또한 정보의 출처도 중요하다. 포털 검색 결과만 믿지 말고 통계청,

보건복지부, 한국고용정보원, KOTRA, 언론 인터뷰, 대학 논문 등 공신력 있는 자료를 우선적으로 참고하자. 뉴스 기사나 블로그를 활용할 때는 글쓴이의 입장과 목적도 함께 고려해야 한다.

◆ 훈련 팁

글을 쓰기 전, '이 생각을 누가 반박한다면 나는 어떤 근거로 말할 수 있을까?'를 스스로에게 물어보자. 근거가 약하면 주장도 흔들리게 된다. 글을 잘 쓰는 사람은 말을 잘 꾸미는 사람이 아니라, 정보를 논리적으로 배열하는 사람이다.

자료는 글의 뼈대를 세우는 재료다. 내가 쓴 글에 어떤 자료가 붙어 있는지를 보면 그 사람의 문해력, 설득력, 사고력이 고스란히 드러난다. 글은 감정으로 시작되더라도, 근거로 완성되어야 한다.

3) 구성: 말이 아니라 흐름이다

좋은 글은 '말 잘하는 글'이 아니라 '흐름이 있는 글'이다 글을 쓸 때 "할 말은 많은데 어떻게 시작해야 할지 모르겠다", "막상 쓰고 나니 앞뒤가 안 맞는 것 같다"는 고민을 자주 듣는다. 이런 현상은 글을 못 쓰는 게 아니라, 글의 '구성'을 미리 생각하지 않았기 때문이다. 말은 마음 가는 대로 해도 되지만, 글은 흐름이 설계되어야 독자가 따라올 수 있다. 그래서 구성은 글쓰기에서 '보이지 않는 골격'이자, 생각을 제대로 전달하기 위한 지도 같은 존재다.

◆ **글쓰기의 기본 구조: 서론 - 본론 - 결론**

이 구조는 교과서적이지만, 여전히 가장 유용한 글쓰기의 기초다. 단순히 외우는 게 아니라 생각의 흐름을 설계하는 틀로 이해해야 한다.

구성 요소	역할	질문 예시
서론	독자에게 주제 소개, 관심 유도	"왜 이 글을 쓰는가?" "왜 지금 이 주제인가?"
본론	주장과 근거, 사례를 통해 메시지 전개	"무슨 일이 있었는가?" "무엇을 말하고 싶은가?"
결론	요점 정리 + 메시지 강조, 독자 행동 유도	"그래서 무슨 의미인가?" "나는 무엇을 남기고 싶은가?"

① 아르바이트 경험 에세이

첫 아르바이트를 시작한 지 일주일쯤 되었을 때, 나는 처음으로 격한 항의를 받았다. 손님은 주문이 너무 늦다며 짜증 섞인 목소리로 따졌고, 나는 당황한 나머지 "죄송합니다"를 반복하는 것 외에 달리 할 말이 떠오르지 않았다. 하지만 상황이 나아지지 않자, 매장 매니저가 나서서 "현재 주문이 밀린 이유"와 "대기 예상 시간"을 차분히 설명했고, 손님은 곧 진정했다. 그 장면을 보며 나는 알게 되었다. 소통은 단지 정중한 말투나 빠른 사과가 아니라, 상대가 궁금해하는 정보와 감정을 함께 다루는 능력이라는 것을. 이후 비슷한 상황이 생겼을 때 나

> 는 침착하게 상황을 설명하고, 고객의 불편함에 공감하는 말 한마디를 더 해 보려 노력했다. 단순한 말재주보다 중요한 건, 상대가 무엇을 알고 싶어 하고 어떤 감정을 느끼는지를 먼저 이해하는 태도라는 걸 그 경험을 통해 배웠다.

- 주제: "고객 응대를 통해 배운 소통의 기술"
- 서론: 고객의 불만 상황에서 당황했던 첫 경험 소개
- 본론: 상황을 해결하기 위해 어떤 태도로 응대했는지, 그 후 어떤 변화가 있었는지 구체적인 사례 제시
- 결론: '소통은 말의 기술이 아니라, 태도와 공감에서 시작된다'는 메시지로 마무리
- → 흐름이 있으니 글 전체가 하나의 '이야기'처럼 읽히고, 독자의 이해와 공감도 자연스럽다.

② 친구와의 갈등 일기

> 오늘 친구와의 대화가 유난히 어색하게 느껴졌다. 별말 아닌 농담이었는데, 그 말이 꼭 내가 부족한 사람이라는 듯 들려서 순간 마음이 확 닫혔다. 겉으로는 웃었지만 속에서는 "왜 저런 식으로 말하지?" 하는 생각이 지워지지 않았다. 점점 말수가 줄어들었고, 대화가 끝난 뒤에도 괜히 씁쓸한 기분이 계속 남았다. 돌아오는 길에 혼자 그 상황

> 을 곱씹으며 깨달았다. 친구는 아마 그런 의도가 아니었을지도 모르는데, 나는 내 피로와 스트레스를 그 말에 덧씌워서 더 크게 받아들였던 것 같다. 그 말을 바로 지적하거나 감정을 쏟아 냈다면 더 어색해졌을 것이다. 그래서 오늘은 말 대신 마음을 먼저 정리하는 쪽을 택했다. 다음에 다시 대화를 꺼낼 수 있는 기회가 오면, 그땐 내 감정이 아니라 상황을 객관적으로 말할 수 있을 때 이야기하고 싶다.

- 주제: "말보다 감정 정리가 먼저 필요했던 하루"
- 서론: 친구와 나눈 대화가 왜 어색해졌는지, 어떤 말을 듣고 마음이 상했는지 소개
- 본론: 내 입장에서 느낀 감정 변화, 말하지 못한 속마음, 상황을 돌아보며 든 생각
- 결론: "앞으로는 먼저 내 감정을 정리하고, 그다음에 말하자"는 다짐으로 정리
→ 감정 중심의 글이어도 흐름이 잡히면, 단순한 하소연이 아니라 감정-이해-성찰의 구조로 완성된다.

◆ 훈련 팁

글을 쓰기 전, "세 문단으로 나눈다면 어떤 내용으로 구성할 수 있을까?"를 미리 적어 보자.

또는 '왜 - 어떻게 - 그래서'의 질문 순서대로 글을 설계해도 좋다.

좋은 구성은 글의 '틀'이 아니라, '길'이다. 글을 잘 쓴다는 건 말을 잘 포장하는 게 아니라, 생각을 자연스럽게 따라오게 만드는 길을 만드는 일이다. 구성이 잡히면 글쓰기 시간이 단축되고, 표현에만 집중할 수 있게 된다. 게다가 구성력은 보고서, 발표문, 이메일 등 모든 실전 문해력의 핵심 요소이기도 하다.

잘 쓴 글은 화려하지 않아도, '무엇을 왜 말하고 있는지'를 흐름 안에서 정확히 보여 준다. 내가 어떤 말을 하려는지가 아니라, 그 말을 어떤 순서와 방식으로 전달할 것인지. 이것이 바로 글의 설계 능력이고, 문해력의 깊이를 결정짓는 요소다.

"생각은 흐름이 있어야 글이 된다. 말은 자유롭지만, 글은 설계가 필요하다."

4) 문장력: 복잡한 생각을 간단히 써야 잘 쓴다

좋은 문장은 '똑똑한 문장'이 아니라 '명확한 문장'이다. 글을 쓰다 보면 '어떻게 말해야 더 있어 보일까', '좀 더 어려운 단어를 써야 전문적으로 보이지 않을까' 하는 욕심이 생기기 마련이다. 하지만 정말 잘 쓴 글은 어려운 말을 쓰는 글이 아니라, 복잡한 생각을 명확하게 전달하는 글이다. 문장력이란 문장을 길게 늘이는 능력이 아니라, 생각을 정리해서 가장 정확하고 자연스러운 표현으로 전달하는 힘이다.

◆ **SNS나 일기에서의 감정 표현**

> 오늘은 하루 종일 정신없고 복잡한 일들이 많아서 감정적으로도 되게 다운됐고, 무기력함이 엄청 심해서 아무것도 하기 싫었다.

→ 솔직하지만 문장이 길고 중복된 단어가 많아 감정이 묻히고 힘이 약해진다.

⋯▸ 오늘은 무기력함 하나로 모든 감정을 덮어 버린 날이었다.
→ 짧은 문장이지만 감정의 핵심이 살아 있고, 독자도 공감할 수 있다.

◆ **문장력을 높이기 위한 3가지 훈련**

① 한 문장에는 하나의 메시지만 담자
→ 문장이 길어질수록 생각도 흔들린다.
→ 예: "내가 하고 싶은 말이 무엇인가?"를 먼저 정한 뒤 문장을 시작하자.

② 명사보다 동사를 중심으로 써 보자
→ "이해를 위한 노력"보다 "이해하려 애썼다"가 더 생생하게 전달된다.
→ 동사가 살아 있는 문장은 움직임이 있고, 말하는 사람의 태도를 드러낸다.

③ 모호한 표현을 줄이자

→ "많은 것을 느꼈다", "중요한 경험이었다" 대신

→ "협업에서 가장 중요한 건 의견보다 태도라는 걸 배웠다"처럼 구체적 메시지를 담는 문장으로 바꿔 보자.

◆ 훈련 팁

글을 쓰고 나서, 문장을 다시 읽으며 "이 말이 꼭 필요한가?"를 물어보자.

문장을 잘 쓴 사람은 화려하게 쓴 사람이 아니라, 덜어 낼 줄 아는 사람이다.

좋은 문장은 어려운 말로 쓰는 문장이 아니라, 누구나 읽고 이해할 수 있는 문장이다. 생각이 복잡할수록, 표현은 더 단순해져야 한다. 그게 글쓰기의 기본이자, 독자에 대한 예의다.

5) 맞춤법: 신뢰는 디테일에서 시작된다

글이 아무리 좋아도, 기본이 무너지면 신뢰는 흔들린다. 쓰기에서 내용만큼이나 중요한 것이 있다면 바로 맞춤법이다. "내용이 좋으면 됐지, 맞춤법까지 뭐 그렇게 중요해?"라고 생각할 수도 있지만, 현실은 다르다. 특히 누군가에게 보이는 글, 예를 들어 자기소개서, 보고서, 블로그 글, SNS 포스팅, 심지어 문자 메시지까지 그렇다. 맞춤법 하나, 띄어

쓰기 하나에서 신뢰와 인상이 갈린다.

[자주 틀리는 맞춤법 예시]

잘못된 표현	바른 표현	설명
되요	돼요	'되어'의 줄임말은 '돼'로 써야 함
안되다	안 되다	부정어 '안'과 동사 '되다'는 반드시 띄어 씀
왠지 모르겠어	왜인지 모르겠어	'왠지'는 '어찌 된 일인지 모르게'라는 뜻으로 한정적
할수있다	할 수 있다	조동사 '~할 수 있다'는 띄어쓰기 필수
좋을꺼야	좋을 거야	'것이야'의 줄임말은 '거야'로 띄어 써야 함
정답을 맞추다	맞히다	정답은 '맞히다', 시계·시간은 '맞추다'
되다 (시간)	대다	'되다'는 상태 변화, '대다'는 접촉·도달 의미
왠만하면	웬만하면	'웬'은 '어찌 된' 의미, '왠'은 잘못된 표기
띄어쓰기안함	띄어쓰기 안 함	보조 용언은 띄어 써야 함 (예: 안 함, 할 수 있다 등)
어딜가요	어디를 가요	조사가 생략된 구어체 표현, 문어체에선 생략 금지
감기가 낳다	감기가 낫다	병은 '낫다', 아이는 '낳다'

작은 실수처럼 보여도, 글을 읽는 사람은 '이 사람이 기본적인 글쓰기 습관이 있는 사람인지'를 이런 디테일에서 판단한다. '오늘도 너무 바뻐서 정신없었다.', '내일은 푹쉬어야겠다.'의 표현은 맞춤법으로는 '바빠서', '푹 쉬어야겠다'가 맞다. SNS라도 깔끔하게 쓰는 사람에게는 정리된 느낌이 든다. 아무렇게나 쓰는 글에서는 신뢰 부족, 표현력 부족의 인상이 함께 따라온다는 것을 잊지 않았으면 한다.

◆ 맞춤법을 관리하는 실전 팁

✔ 글을 쓰고 나서 꼭 한 번은 소리 내어 읽어 보기
 - 어색한 표현, 문장 부자연스러움도 함께 점검됨

✔ 맞춤법 검사기 사용하기
 - 추천 도구: 네이버 맞춤법 검사기

✔ 자주 틀리는 표현 리스트를 따로 정리해 보기
 - 내 글에 자주 등장하는 표현을 중심으로 반복 훈련

글은 단지 내용을 담는 그릇이 아니다. 문장의 형식, 표현의 정확성, 맞춤법까지 포함해 '전체적인 인상'을 결정짓는 도구다. 아무리 좋은 말을 해도 글이 어지럽고 맞춤법이 흐트러져 있으면, 그 말은 와닿지 않는다. 좋은 글은 읽기 편하고, 신뢰감 있게 보이며, 읽는 사람을 배려하는 글이다. 맞춤법은 글쓰기의 마지막이자, 독자와 신뢰를 쌓는 첫걸음이다.

6장
효과적인 말하기와 듣기 능력 키우기

6.1. 자신감 있는 말하기 전략

"말을 잘한다"는 것의 진짜 의미는 무엇일까? 자신감 있는 말하기는 유창한 말솜씨보다 더 중요한 역량이다. 그것은 곧, '내가 하고자 하는 말을 명확하게, 상황에 맞게, 감정을 실어 전달할 수 있는 능력'을 말한다. 많은 20~30대 청년들이 회의, 발표, 면접, 일상 대화에서 '긴장해서 말이 빨라진다', '무슨 말을 해야 할지 생각이 안 난다', '내 얘기를 듣는 사람이 없는 것 같다'는 문제를 자주 겪는다. 이 장에서는 자신감 있는 말하기를 위한 핵심 전략 7가지를 구체적으로 제시한다. 여기에는 음성 전달의 기본기부터, 논리적 구조, 어휘력, 상황 대응력까지 포함된다.

1) 발음 - 말의 또렷함이 자신감을 만든다!

잘 들리는 말은 믿음직스럽다. 문장의 끝을 흐리는 습관, 입을 충분히 벌리지 않는 발성, 긴 문장에서 중간 소리를 날리는 문제는 대부분 '발음' 훈련 부족에서 비롯된다. 정확한 발음은 단어를 선명하게 전달할 뿐만 아니라 자기 말에 힘을 실어 준다. 발음은 단순한 소리의 문제가 아니라, 자신감 있는 말하기의 핵심 요소이다. 꾸준한 연습과 전략적인 접근을 통해 발음 능력을 향상시켜 보자.

✔ 훈련 팁
- 매일 3분간 뉴스 따라 읽기

[샘플 뉴스 1] 사회 이슈 (MBC 뉴스 기반)

> 오늘 서울과 수도권 지역에 초미세먼지주의보가 내려졌습니다. 전문가들은 외출 시 KF94 마스크 착용을 권고하고 있으며, 실내에서는 환기보다는 공기청정기 사용이 효과적이라고 밝혔습니다.

◆ 훈련 포인트:
- '초미세먼지주의보' 같은 긴 복합어의 발음
- 의미 단위 끊어 읽기: 문장마다 숨 고르기
- 뉴스톤에 가까운 단정한 어조로 읽기

[샘플 뉴스 2] 생활경제 (YTN 뉴스 기반)

> 다음 달부터는 전기요금이 평균 5.3% 인상됩니다. 산업통상자원부는 국제 에너지 가격 상승을 주요 원인으로 설명했습니다. 이에 따라 4인 가구 기준 월 2천 원가량 부담이 늘어날 전망입니다.

◆ 훈련 포인트:
- 숫자, 백분율 발음: '5.3%', '2천 원' 등 명확하게 읽기
- 정보 전달 어조 연습
- 숫자 앞뒤 1초 멈춤 훈련

[샘플 뉴스 3] 문화/생활 (KBS 뉴스 기반)

> 2030 세대를 중심으로 오프라인 서점 이용이 다시 늘고 있습니다. 특히 독립서점, 복합문화공간 등을 찾는 이들이 증가하고 있는데요. 단순한 책 구매보다 커뮤니티 경험을 중시하는 경향이 나타나고 있습니다.

◆ 훈련 포인트:
- '오프라인 서점 이용', '커뮤니티 경험' 등 복합어 처리
- 문장 끝을 떨구지 않고 또렷하게 마무리하는 연습
- 억양 조절: "~있습니다." "~중시하는 경향이 나타나고 있습니다."

[샘플 뉴스 4] 과학 기술

> 국내 연구진이 차세대 배터리 효율을 두 배로 높일 수 있는 기술을 개발했습니다. 이번 기술은 고체 전해질을 활용해 안정성과 출력 모두에서 기존 리튬이온 배터리를 능가합니다. 상용화까지는 약 3년이 소요될 전망입니다.

⋯▸ 체크

☐ 기술용어를 정확히 발음했는가
☐ 문장 흐름을 유지했는가

[샘플 뉴스 5] 환경/기후

> 올여름 폭염 일수가 예년보다 1.5배 이상 많을 것으로 예보됐습니다. 기상청은 특히 수도권과 내륙 지역의 평균기온이 크게 상승할 것으로 내다봤습니다. 냉방기기 사용 급증에 따라 전력 수급에도 비상이 걸릴 수 있습니다.

⋯▸ 체크

☐ 숫자와 수치 읽기는 정확했는가
☐ 긴 문장을 자연스럽게 처리했는가

[샘플 뉴스 6] 국제

> 미국 대선 후보들의 첫 TV 토론이 다음 달 초로 확정됐습니다. 이번 토론은 인플레이션, 외교 정책, 기후 변화 대응이 주요 의제로 다뤄질 예정입니다. 여론 조사 결과에 따라 향후 지지율 변동이 클 것으로 보입니다.

⋯▸ 체크

☐ 외래어 발음에 유의했는가
☐ 억양으로 주제를 강조했는가

◆ 활용 팁: 낭독 루틴

시간	활동
1분	뉴스 텍스트 소리 내어 읽기 (감정 없이 명확하게)
1분	두 번째 낭독 - 억양과 속도 조절 추가
1분	녹음 → 들어 보기, 개선점 체크

◆ 뉴스 따라 읽기 - 주간 루틴 시트

요일	뉴스	달성 여부	메모 사항
월요일	샘플 뉴스 1 (사회)		
화요일	샘플 뉴스 2 (경제)		
수요일	샘플 뉴스 3 (문화)		
목요일	샘플 뉴스 4 (과학기술)		

금요일	샘플 뉴스 5 (환경)		
토요일	샘플 뉴스 6 (국제)		
일요일	녹음 청취		주간 피드백 기록

◆ **혀, 입술 풀기 발음 훈련**

아래는 혀와 입술을 풀어 주고 명확한 발음 훈련을 돕기 위한 음절 반복 훈련 예시이다. 매일 3~5분씩 반복 발성하여 입 주변 근육을 활성화하고, 발음 명료도를 높여 보자.

① 기본 발음 반복 훈련표

기초 자음·모음 발음 명료도를 높이는 음절 반복 훈련이다. 매일 5분씩 연습하며 발화 근육을 풀어 보자.

훈련 유형	연습 음절	횟수/속도
모음 명확화	아 에 이 오 우	5회 반복
양순음 훈련	빠 뻬 뽀 뿌 삐	5회 반복
치조음 훈련	타 터 토 투 티	5회 반복
경구개음 훈련	카 커 코 쿠 키	5회 반복
유음 연습	라 러 로 루 리	5회 반복
비음 연습	마 머 모 무 미	5회 반복
복합음 연습	바사바사 바사바사	3회 반복
속도 훈련	가까 깎아 까꿍 까가가	점점 빠르게 3회

② 문장형 발음 훈련

단어를 문장 안에서 또렷하게 발음하는 훈련이다. 아래 문장을 천천히, 정확히, 3회 이상 반복해서 읽어 보자.

- 나는 오늘도 또렷하게 말합니다.
- 바른 발음은 신뢰를 만듭니다.
- 빠르게 말하지 않고, 정확하게 전달합니다.
- 입을 열고, 자신감 있게 발음합니다.
- 내 목소리에 힘을 실어 또박또박 말합니다.

③ 억양·성조 실습 예문

같은 문장을 높낮이, 감정, 속도에 따라 다르게 읽는 훈련이다.

[실습 문장] : "그 말을 꼭 지금 해야 했나요?"

a. 짜증 섞인 억양

b. 차분한 억양

c. 당황한 억양

d. 되물음의 억양

④ 녹음 셀프 점검표

아래 항목을 체크하며 스스로 개선 포인트를 기록해 보자.

☐ 문장의 끝을 또렷하게 말했는가?
☐ 발음이 흐려지거나 무너진 부분은 없었는가?
☐ 억양, 속도는 일정했는가?
☐ 나의 말에 자신감이 느껴졌는가?
☐ 어제보다 나아진 점은 무엇인가?

◆ 발표·전화 전, '말꼬리 처리 체크'- 자신감 있는 마무리의 기술

우리는 종종 발표나 전화 통화에서 말을 마무리할 때 문장 끝을 애매하게 처리하곤 한다. 특히 많은 청년들이 문장 끝을 올리거나 흐릿하게 끝내는 습관을 가지고 있다. 예를 들어 "이건… 제가 해 봤는데요 ↗" 혹은 "아… 네… 그런 거 같긴 해요…"처럼 문장의 끝을 불필요하게 끌어올리거나, 소리를 줄이며 흐리게 말하는 패턴이다. 이러한 말꼬리 처리 방식은 말의 의미 전달뿐 아니라 청취자에게 주는 인상에도 큰 영향을 미친다. 특히 면접, 발표, 전화 응대, 팀 미팅과 같은 공식적 상황에서는 말꼬리 습관 하나로도 상대는 다음과 같은 판단을 내릴 수 있다.

- 이 사람은 자신감이 없어 보인다.
- 말에 책임감이 느껴지지 않는다.
- 내용을 제대로 정리하지 못한 것 같다.

① 말꼬리 처리 방식 비교

처리 방식	특징	주는 인상
올림 (↗)	질문처럼 들림, 불확실성 느낌	자신감 없음, 주저함
내림 (↘)	단호하고 명확함	신뢰감, 안정감
흐림 (…)	끝맺지 않음, 소리 약화	전달력 부족, 불안한 인상

이 중에서도 말꼬리를 흐리는 습관은 가장 개선이 필요한 말하기 문제다. 문장의 끝이 들리지 않으면, 전체 메시지가 전달되지 않으며 '소극적이고 불안한 인상'을 주기 쉽다.

② 자신감 있는 말꼬리 처리법

자신감 있는 말하기는 문장 끝을 낮추되, 정확히 마무리하는 것에서 시작한다. 말을 무조건 딱딱하게 내리는 것이 중요한 게 아니라, 의도를 분명히 하되, 듣는 사람에게 명확하게 전달하는 마무리가 핵심이다.

✔ 예문 비교
- "이건 제가 한 거 같은데요…?" (올림 or 흐림)
- "이건 제가 했습니다." (내림 + 또렷한 마무리)

③ 발표/전화 전 훈련 팁
a. 핵심 문장 3개를 정해 말꼬리 낮추기 연습하기

b. "마지막 단어를 강조해서 말하기" 루틴 (예: "전달했습니다", "마무리되었습니다")
c. 녹음해서 들어 보기: 내가 무의식적으로 말꼬리를 흐리거나 올리는지 확인

④ 말꼬리 마무리 훈련 루틴
a. 오늘 사용할 말 3문장을 정합니다. (예: 보고 문장, 전화 인사 등)
b. 평소 말투로 말하고 녹음합니다.
c. 문장 끝을 또렷하게 마무리하며 다시 낭독하고 녹음합니다.
d. 두 녹음을 비교하며 말꼬리 차이를 분석합니다.
e. 실제 회의/전화에서 적용하고 체크합니다.

⑤ 자가 체크리스트
☐ 말끝이 흐려지지 않았는가?
☐ 불필요하게 끝을 끌어올리지 않았는가?
☐ 문장의 마지막 단어를 또렷하게 발음했는가?
☐ 나의 말이 안정감 있고 책임감 있게 들렸는가?
☐ 실전 적용 후 피드백을 기록했는가?

자신감 있는 말은 "처음보다 끝"이 중요하다. 마지막 단어에 힘을 실어 또렷하게 마무리하는 습관은 당신의 말에 신뢰를 더하고, 존재감을

살리는 결정적 요소가 된다는 것, 기억하길 바란다!

2) 억양 - 리듬이 있는 말은 귀를 사로잡는다!

우리는 종종 "내용은 좋은데 귀에 안 들어와", "뭔가 무미건조했어"라는 피드백을 듣곤 한다.

이는 내용이 부족해서가 아니라, 말의 억양이 단조롭기 때문이다. 단조로운 톤은 말의 감정을 죽이고, 청중의 집중을 흐리며, 말의 의미를 전달하는 데 큰 장애가 된다. '억양(Intonation)'은 말의 리듬이자, 감정과 메시지를 함께 실어 보내는 통로이다. 특히 발표, 보고, 설득, 제안, 사과 등 다양한 말하기 상황에서 억양은 말의 느낌을 바꾸는 핵심 요소가 된다.

단조로운 말투에는 어떤 문제점이 있을까? 단조로운 말은 기계음처럼 들리며, 아무리 논리적인 말이어도 감정이 실리지 않으면 청중은 관심을 잃게 된다.

"이번 보고에서는 세 가지 항목을 다루겠습니다. 첫째는 매출 분석이고요, 둘째는 비용 구조이고요, 마지막은 예산 조정입니다."

말의 구조는 명확하지만 '억양'이 일정하면 '흥미 없음', '외운 듯함'이라는 인상을 주기 쉽다. 억양은 '의도'를 실어 나른다. 같은 문장도 억양이 어떻게 실리는가에 따라 전혀 다른 메시지가 된다. 예를 들어, "이걸 꼭 지금 해야 했나요?"를 각각 다른 억양을 넣어 말해 보자.

- 짜증 섞인 억양: 비난
- 놀란 억양: 당황
- 진심 어린 억양: 공감
- 로봇톤: 무성의

짜증 섞인 억양은 '비난'을 전달하고, 놀란 억양은 '당황스러움'을, 진심 어린 억양은 '공감'을 전달한다. 로봇톤일 경우에는 '무성의'한 느낌을 줄 수 있다. 억양은 감정뿐 아니라 관계와 상황의 해석도 결정짓는다.

말하기를 잘하려면 정확한 정보 전달도 중요하지만, 그보다 더 중요한 건 '어떻게 말하느냐', 즉 리듬과 억양이다. 우리가 어떤 말을 할 때, 그 말의 억양에 따라 듣는 사람의 반응은 완전히 달라진다. 같은 문장도 억양을 어떻게 싣느냐에 따라 공감, 설득, 불쾌감, 무관심 등 전혀 다른 감정을 유발할 수 있다.

이를 설명하는 대표적인 언어학 이론이 바로 '운율(Prosody)이론'이다. 'Prosody'란, 말의 억양(intonation), 강세(stress), 리듬(rhythm), 속도, 멈춤 등 문장 전체에 흐르는 소리의 흐름과 리듬을 의미한다. 이 개념은 원래 음악에서 온 말로, '문장도 리듬이 있어야 의미가 살아난다'는 것을 설명해 주는 중요한 언어 기제다. Prosody 이론은 단순한 이론에 그치지 않고, 실제로 사람의 말 이해에 어떤 영향을 주는지를 분석한 다양한 연구 결과로도 뒷받침된다. 2021년 한국언어청각임상학회 발표 자료에 따르면, 억양을 조절한 발화는 단어 인지율을 약 28% 향상시키는 것으로 나타났다. 같은 내용을 말해도 억양이 자연스럽고 리듬이 살아 있을수록, 듣는 사람의 이해력과 기억력도 높아진다는 것이다. 또한 2023년 미국언어청각학회(ASHA)의 JSLHR 저널에 실린 연구에서는, 의미 예측이 어려운 문장일수록 Prosody가 문장 해석과 의사소통의 정확도를 높이는 핵심 단서라는 사실이 확인되었다.

음악이 리듬 없이는 울리지 않듯, 말도 억양 없이 흘러가면 청중에게 아무런 감흥을 주지 못한다. 단어만 또박또박 말한다고 해서 전달력이 높아지는 것이 아니다. 진짜 잘 말하는 사람은 리듬이 살아 있고, 단어에 억양을 실을 줄 아는 사람이다. 발표, 면접, 보고서 발표, 회의 참여 등 모든 말하기 상황에서 Prosody는 내 말에 생명력을 불어넣는 기술이자, 훈련 가능한 커뮤니케이션 능력이다.

◆ **실제 사례: 28세 영업사원 지훈**

지훈은 고객 미팅에서 '딱히 기분 나쁜 건 아닌데, 뭔가 무뚝뚝해 보인다'는 말을 자주 들었다. 그는 논리적이고 정돈된 말투를 자랑했지만, 모든 문장을 같은 톤과 리듬으로 말하는 습관이 있었다. 고객은 그의 말에서 감정의 실마리를 느끼지 못했고, 협상에서 신뢰가 쌓이지 않았다. 그는 이후 강조할 단어를 미리 표시하고, 문장 끝의 억양을 조절하는 훈련을 시작했다. "이 안건은 오늘 결정해야 합니다."처럼 키워드에 리듬과 힘을 싣는 발화를 연습했고, "괜찮으실까요?" 같은 질문은 표정과 억양을 살려 부드럽게 바꿨다. 3개월 뒤, 그는 팀 내에서 "가장 신뢰 가는 커뮤니케이터"라는 피드백을 받았다.

✔ 훈련 팁:
- 중요한 단어 앞뒤에 살짝 음의 높낮이 변화 주기

말의 억양은 전체 문장을 살리는 리듬이다. 그중에서도 핵심 메시지를 담고 있는 단어에 힘을 싣는 방식은 말의 전달력을 높이고, 듣는 사람의 집중을 유도하는 가장 효과적인 억양 활용법이다. 하지만 '강조'라고 해서 무조건 단어를 크게 외치거나, 속도를 느리게 하거나, 억지로 힘을 주는 건 오히려 부자연스럽다. 진짜 중요한 건 '살짝' 음의 높낮이를 변화시켜 청자의 귀를 기울이게 만드는 것이다. 핵심은 단어 자체를 강조하는 게 아니라, 앞뒤 리듬으로 '자리'를 만들어 주는 것이다.

◆ 어떤 단어에 적용하면 좋을까?
✔ 다음과 같은 핵심 전달어 앞뒤에서 적용하면 효과적이다:
- 숫자, 통계, 날짜: "이번 달 매출은 1억 2천만 원입니다."
- 결론, 요지: "그래서 핵심은, 구조 개선입니다."
- 감정이 담긴 단어: "저는 그때 정말 당황했습니다."
- 강조어: "가장 중요한 점은, 지금입니다."

◆ **적용 방식:**

높이-낮이-중심 리듬 3단계

- 중요 단어 전: 살짝 올림(/) 또는 준비 톤
- 중요 단어: 살짝 높이거나 또렷하게 발음
- 중요 단어 후: 약간 낮추며 마무리

◆ **예시 문장:**

"오늘 회의의 핵심은, 실행력입니다."

- '핵심은' 앞에서 음을 올리고, 단어 자체는 선명하게,
- '실행력입니다'에서 억양을 살짝 낮추며 마무리

◆ **훈련 방법**

단계 연습 방식

1단계 짧은 문장(15자 이내) 고르기 → 핵심 단어 표시

2단계 핵심 단어 앞뒤로 얇게 억양 차이를 넣어 낭독

3단계 3번 연속 말하면서 억양을 다양하게 실험해 보기

4단계 녹음 후, "어느 억양에서 말이 가장 강조되었는가?" 체크

✔ 잘못된 억양 강조 예

- "오늘 매출은!!!! 2억입니다!!" → 과도한 톤 변화로 오히려 부자연스러움

- 모든 단어에 강조를 넣는 경우 → 청자가 어디에 집중해야 할지 모르게 됨

• 질문은 끝을 살짝 올리고, 설명은 끝을 낮추기

말의 유형에 따라 억양도 달라져야 한다. 우리는 평소 질문을 던질 때와 정보를 설명할 때, 말의 기능과 목적이 다르다. 질문은 상대의 반응을 유도하는 '열린 말'이라면, 설명은 정보를 전달하고 마무리하는 '닫힌 말'이다. 이 두 가지 유형은 문장의 억양에서도 구분되어야 한다.

왜 억양이 달라야 할까? 질문을 하면서 끝을 내리면 질문 같지 않게 들리며, 무뚝뚝해 보이고, 상호 작용 의도가 전달되지 않는다. 설명을 하면서 끝을 올리면 확신이 없어 보이고, 책임 회피처럼 보일 수 있거나 "그냥 의견일 뿐인가?"로 인식될 수 있다. 특히 면접, 회의, 발표, 고객 응대에서 억양 실수는 의사 전달을 왜곡시키고 신뢰도를 떨어뜨릴 수 있기 때문에 주의해야 한다.

◆ 억양 구조에 따른 청취자 인상

문장 유형	억양 구조	청취자 인상
질문형	끝을 살짝 올림 (↗)	여지를 주고, 부드럽고 열린 느낌 전달
설명형	끝을 또렷하게 내림 (↘)	단호하고 신뢰감 있는 정보 전달

◆ 실제 예문 비교

문장	억양에 따른 효과
"그건… 오늘까지 가능하신가요?" ↗	질문 억양으로 정중하게 묻는 느낌
"그건 오늘까지 가능합니다." ↘	설명 억양으로 확신과 신뢰 전달
"저, 이 문서 지금 보내 드릴까요?" ↗	의향 확인, 부드러움
"지금 이 문서를 보냈습니다." ↘	단호하고 깔끔한 보고

◆ 훈련 루틴

1단계: 문장 유형 나누기 → 질문형/설명형 문장 3개씩 작성

2단계: 억양 연습 → 각 문장을 올림/내림 억양 두 가지로 읽어 보기

3단계: 의미 비교 → 억양을 바꿔 읽었을 때 느낌이 어떻게 달라지는지 체크

4단계: 녹음/재청취 → 두 버전 녹음 → 비교 분석

◆ 연습 문장 예시 (올림 ↗/내림 ↘)

↗ "회의는 3시에 시작되는 게 맞나요?" (질문)

↘ "회의는 3시에 시작됩니다." (정보 전달)

↗ "같이 점심 드실래요?" (초대/의향 확인)

↘ "점심은 따로 먹고 오겠습니다." (사실 전달)

✔ 발표 원고를 구어체처럼 바꾸어 읽어 보기

글로 쓴 문장을 그대로 읽으면 어색하고 기계적이다. 억양 훈련의 첫

걸음은 원고를 말하듯 자연스럽게 바꾸는 것이다. 구어체는 리듬, 강조, 멈춤을 더 자연스럽게 살려 주기 때문에, 결국 억양까지 함께 개선된다.

⋯▶ 예시

- 문어체: "본 보고서에서는 세 가지 항목을 제시하고자 한다."
- 구어체: "오늘 발표에서는 세 가지 내용을 이야기해 보겠습니다."

⋯▶ 훈련 팁

- 문장마다 "말하듯 바꿔 쓰기"
- 구어체로 바꾼 후 녹음 → 억양·속도·리듬 함께 체크

3) 속도 - 여유 있는 말이 진짜 실력처럼 들린다!

속도가 빠른 말은 불안감이나 방어심을 드러내기 쉽다. 너무 느리면 집중을 잃게 만들고, 너무 빠르면 핵심을 놓치게 한다. 말하기 속도는 듣는 사람을 고려하는 배려이자, 자신이 말을 통제하고 있다는 증거다.

✔ 훈련 팁:

- '말 한 문장, 호흡 한 번'의 리듬 훈련
- 숫자, 인용, 이름 앞뒤에는 반드시 1초 멈춤
- 면접이나 발표에서 질문 받으면 2~3초 멈췄다 말하기

4) 태도 - 말보다 먼저 말하는 비언어!

말하기에서 눈빛, 손동작, 자세, 표정은 말보다 더 빨리 전달된다. 비언어는 자신감을 보완해 주며, 말의 신뢰도와 호감도를 동시에 끌어 올려 줄 수 있는 요소이기도 하다. 특히 온라인 미팅에서는 표정 하나로 말의 인상이 좌우되기도 하기 때문에, 전달력 스킬을 높이는 데 간과하면 안 되는 중요한 부분이라 할 수 있다.

✔ 훈련 팁
- 발표 시 어깨는 펴고, 손은 자연스럽게 펼치기
- 말할 때 눈썹·입꼬리로 리액션 표현 연습
- 거울 앞에서 "30초 미소 말하기" 매일 실시

5) 말의 구조 - 조리 있게 말하는 기술!

'말이 안 정리된다'는 말은 사고가 구조화되지 않은 상태를 의미한다. 자신감 있게 말하기 위해서는 내용보다 구조가 먼저여야 한다. 간단한 틀만 익혀도 말의 질이 달라진다.

✔ 실전 구조 틀
- PREP법: 주장 → 이유 → 예시 → 정리
- 3포인트 법칙: "첫째, 둘째, 마지막으로"
- 질문 대응 구조: 요지 → 근거 → 마무리 → 반문

6) 표현력 - 말맛을 살리는 어휘 선택!

수업을 하다 보면 학생들이 '몰라요', '그냥요'라는 말을 많이 하는 걸 보게 된다. '그냥 좋아요', '뭔가 그런 느낌'처럼 애매한 표현은 내용 전달력뿐 아니라 신뢰감도 약화시킨다. 청년층이 SNS, 유튜브 중심으로 언어 습관이 짧아지면서, 정확한 표현력은 차별화된 소통 역량이 되고 있다. 풍부한 어휘를 사용하면서 언어 표현력을 키워 보자.

✔ 훈련 팁
- '~같은 것' 대신 정확한 명사로 바꾸는 습관
- 감정 표현은 "좋다/싫다" 대신 "만족스럽다/부족하다/불안하다"처럼 구체적으로
- 익숙한 단어를 피하고, 적절한 비유나 사례를 하나 넣어 주는 훈련

7) 상황 대처력 - 예상 밖 질문에도 당황하지 않는 법!

자신감은 평상시보다 예상하지 못한 순간에 진짜 실력으로 드러난다. 말이 막히거나, 예상 밖 질문이 왔을 때, 유머·반문·정중한 인정 등의 전략을 쓸 줄 아는 사람은 말하기에 대한 '통제력'을 가진 사람이다.

✔ 대응 전략 예시
- 생각이 안 날 때: "좋은 질문인데요. 제 생각을 정리하며 말씀드리겠습니다."

- 동의하지 않을 때: "그 부분은 조금 다른 견해가 있을 수 있을 것 같습니다. 제 경험으로는요…"
- 반문 전략: "혹시 그 말씀은 ○○라는 의미일까요?"

자신감 있는 말하기는 '훈련 가능한 기술'이다 자신감 있는 말하기는 타고나는 것이 아니라 반복 훈련으로 만들어지는 습관이다. 이 장에서 소개한 7가지 전략은 청년들이 말하는 자리에 설 때마다 보다 명확하게, 조리 있게, 신뢰감 있게 표현할 수 있는 기반이 되어 줄 것이다. 그리고 무엇보다 중요한 건 연습을 멈추지 않는 것이다.

6.2. 상황에 맞는 말하기 방식 연습

1) 일상 대화 - 공감과 반응 중심의 소통

친구, 가족, 동료와의 일상 대화에서는 정보 전달보다 관계 형성과 유지가 더 중요하다. 말의 내용보다 어떻게 반응하느냐, 얼마나 공감하느냐가 대화의 질을 좌우한다.

◆ 상황:
회사에서 상사에게 혼이 나고 퇴근한 친구를 만났을 때

지민: 아 진짜… 오늘 팀장한테 완전 깨졌어.

유진: 헉, 무슨 일 있었던 거야?

지민: 어제 보고서 조금 늦게 올렸는데, 회의 시간에 다 들으라고 면박을 주는 거야…

유진: 와… 그건 진짜 민망했겠다.

지민: 맞아. 내가 큰 실수한 것도 아니고, 그냥 상황 설명만 좀 해 줬으면 됐을 텐데.

유진: 그러니까… 뭔가 감정 섞인 말투였나 보다. 네 입장에서 진짜 억울했을 것 같아.

지민: 그치. 나도 이제 말조심 진짜 해야겠다 싶더라.

유진: 혹시 다음부터는 미리 전달할 수 있는 루틴 만들어 놓는 건 어때? 같이 방법 고민해 보자!

✔ 대화에서 중요한 말하기 포인트
- 반응 표현: "정말?", "헉, 대박…", "어머, 그랬구나!"
- 공감 표현: "나도 그런 적 있어. 진짜 속상하지…"
- 질문으로 이어 가기: "그다음엔 어떻게 됐어?"

◆ **이 대화에서 강조된 포인트:**
- 공감: "그건 진짜 민망했겠다."/"네 입장에서 억울했을 것 같아."
- 반응: "헉, 무슨 일 있었던 거야?"/"와…"

- 질문: "다음부터는 어떻게 하면 좋을까?"

2) 발표 - 구조와 억양, 구어체의 조화

발표는 청자 중심의 말하기이다. 내용만 읽듯이 전달하면 정보는 많아도 전달력은 떨어진다. 문장 구조화, 억양 강조, 구어체 전환이 발표의 세 요소이다.

✔ 발표 말하기 전략
- 도입-전개-정리 구조 명확히 잡기
- 중요한 단어 앞뒤에 억양 변화 주기
- 문장을 구어체로 바꾸어 자연스럽게 말하기 (예: "이제 분석 결과를 함께 보시죠.")

◆ **상황:**
대학 수업에서 팀 프로젝트 발표를 마친 뒤 피드백을 받는 장면

교수님: 전체적으로 발표 구성이 깔끔했어요. 그런데 설명이 조금 빠르게 느껴졌어요.
수진: 네, 교수님. 사실 발표 시간에 맞추다 보니 말이 빨라졌던 것 같습니다.
교수님: 중요한 포인트는 천천히, 예를 들어서 설명해 주면 더 좋을

것 같아요.

수진: 알겠습니다. 특히 '문제 해결 프로세스' 부분은 구체적으로 천천히 풀어 보겠습니다.

교수님: 네, 그 부분만 조금만 조절하면 완성도 높은 발표가 될 거예요.

수진: 피드백 감사합니다, 교수님! 발표 자료도 그에 맞춰 수정해 보겠습니다.

◆ 이 대화에서 강조된 포인트:
- 구조 인식: 발표 시간 조절, 핵심 파트 구분
- 구어체 표현과 태도: 자연스럽게 인정하고 개선 약속

3) 팀 프로젝트 - 주장과 조율이 함께 필요한 말하기

학교 과제나 직장 내 협업 상황에서는 자신의 의견을 명확히 전달하면서도, 상대방을 존중하고 갈등을 예방하는 표현 방식이 중요하다.

✔ 협업 속 말하기 전략
- 제안할 땐 부드러운 도입: "제가 보기엔 A안도 괜찮을 것 같아요."
- 반대할 땐 이유를 분명히: "좋은 아이디어인데, 이 부분은 시간이 좀 걸릴 수 있을 것 같아요."
- 마무리는 함께 결정하는 말투로: "다 같이 정리해 보고 다음 안건으로 넘어가는 게 어때요?"

◆ 상황:

조별 과제 중 아이디어를 정리하는 회의에서

성현: 저는 인터뷰 방식으로 영상 구성하는 것도 괜찮을 것 같아요.

지우: 인터뷰 좋긴 한데, 편집 시간이 오래 걸리지 않을까?

성현: 맞아요. 그건 생각 못 했네요. 그럼 짧은 스케치 영상은 어때요?

지우: 그건 괜찮다! 우리 다음 회의 때 역할도 나눠 보자.

성현: 좋아요. 우선 콘티는 제가 정리해 볼게요.

◆ 이 대화에서 강조된 포인트:

- 제안은 부드럽게, 반대하는 이유와 대안 제시
- 마무리는 공동 결정으로 유도

4) 비대면 커뮤니케이션 - 더 또렷하고 배려 있게

카카오톡, 메신저, 전화 등 비대면 말하기는 억양과 표정이 사라진 상황이다. 이럴수록 명확한 문장, 맥락 설명, 배려 표현이 더 중요하다.

✔ 비대면 말하기 전략

- 요청은 분명하게: "○○업무, 오늘 오후까지 가능하실까요?"
- 협조는 예의 있게: "혹시 바쁘지 않으시면 이 부분 함께 확인 부탁드립니다!"

- 감정은 말로 표현하기: "늦게 연락드려서 죄송해요.", "항상 감사드립니다 :)"

◆ **상황:**

메신저로 업무 요청을 주고받는 장면

지현: [메신저] 안녕하세요. 혹시 금요일 회의 자료 오늘까지 받아 볼 수 있을까요?
영수: [메신저] 네, 지금 마무리 중이에요. 오후 5시까지 전달드릴게요!
지현: [메신저] 감사합니다 :) 혹시 수정 사항 있으면 다시 알려 드릴게요.
영수: [메신저] 네, 언제든 말씀 주세요.

◆ **이 대화에서 강조된 포인트:**

- 요청은 명확하게, 답변은 약속을 담아 구체적으로
- 감정 표현은 말로 드러내기 (예: 감사합니다, 언제든 말씀 주세요)

[상황에 맞는 말하기 스킬 정리]

상황	말하기 전략
일상 대화	공감 + 반응 + 질문으로 연결
발표	구조화 + 억양 강조 + 구어체 전환

협업	명확한 의견 + 부드러운 태도 + 공동 결론
비대면	명확한 문장 + 배려 표현 + 감정 언어화

6.3. 메시지를 정확히 듣고 반응하는 기술

말을 잘한다는 것은 단지 말을 유창하게 한다는 의미가 아니다. 소통에서 더 본질적인 요소는 '잘 듣는 태도'다. 특히 현대의 커뮤니케이션 환경에서는 각자의 주장과 이야기만 강조되기 쉬워서, 상대의 말을 진심으로 들어 주는 태도는 더욱 빛을 발하게 된다. 적극적인 경청은 단순히 조용히 있는 것이 아니라, 말하는 사람의 메시지와 감정을 온전히 받아들이고, 그것을 언어적·비언어적으로 반응해 주는 '참여형 듣기'다.

적극적 경청에는 여러 가지 구체적인 기술이 있다. 예를 들어, 말의 내용을 명확히 이해하기 위해 질문을 던지는 '명료화', 상대의 말을 자신의 말로 바꾸어 확인하는 '재진술', 핵심 내용을 간단히 정리해 주는 '요약', 말하는 사람의 감정을 읽고 그것을 언어로 반영해 주는 '감정 반영' 등이 있다. 이런 기술들은 단지 전문 상담가가 아닌, 일상 속 누구나 사용할 수 있는 소통의 기법으로, 청년들이 일터, 친구 관계, 팀 프로젝트 등 다양한 상황에서 바로 활용할 수 있다. 뿐만 아니라, 효과적인 경청은 말보다 더 강력한 '비언어적 표현'을 포함한다. 시선을 맞추고, 고개를 끄덕이고, 편안한 자세로 몸을 기울이는 것만으로도 상대는 '내 말을 진심으로 들어주고 있구나'라는 안정감을 느낀다. 반대로 눈을 피하거나 스마트폰을 보는 행동, 멍한 표정 등은 아무리 '듣고 있다'고 말해도 무성의하게 느껴진다.

업무 중 동료가 지시 사항을 말할 때, 친구가 고민을 털어놓을 때, 팀 프로젝트에서 의견을 주고받을 때 말을 잘 들어주는 사람은 신뢰와 주도권을 얻는다. 실제로 업무 중 실수를 줄이기 위해 경청을 훈련하는 기업이 늘고 있고, 학교에서는 협업 중심 수업에서 듣기 능력을 핵심 역량으로 평가한다. 적극적인 경청은 곧 신뢰를 쌓는 기술이며, 리더십, 협상력, 공감 능력의 출발점이 된다.

적극적인 경청 기술은 누구나 연습을 통해 습득할 수 있다. 한 문장에 한 번은 고개를 끄덕이거나 짧은 반응을 넣는 연습, 말의 끝을 받아 요약해 주는 연습, 감정을 눈치 채고 '그 말 들으면 속상했겠다'라고 말하는 연습 등은 반복할수록 자연스러워진다. 이런 기술은 단순히 '예의 바른 태도'를 넘어서, 실제로 말하는 사람의 표현력과 감정 전달력까지 끌어올리는 데 기여한다. 한 단계 수준을 높여 말하자면, 단순히 끄덕이고 "응" 하는 수준을 넘어서 말하는 사람의 감정과 메시지를 깊이 있게 받아들이고, 확인하고, 반응하는 '능동적 소통 기술'이라고 말할 수 있다. 결국, 경청은 말 이전에 연습해야 할 첫 번째 소통 능력이다. 말을 잘하는 사람은 결국 듣는 기술이 탁월한 사람이다.

여러 커뮤니케이션 연구와 심리 상담 이론, 그리고 경영, 교육 현장에서 활용되는 경청 기법들이 존재한다. 대표적으로 많이 쓰이는 경청 스킬 8가지를 정리해 보았으니 연습을 통해서 우리 삶에 적용시켜 보자.

[적극적 경청 기법 8가지]

경청 스킬	설명	예시
명료화 (Clarification)	말의 의미를 정확히 이해하기 위해 질문으로 확인	"그 말은 이런 의미인가요?" "그게 무슨 뜻인지 다시 말씀해 줄 수 있어요?"
요약 (Summarizing)	들은 내용을 간결히 정리해 주는 기술	"그러니까, 네가 말한 건 이런 흐름이었지?" "요약하면, 세 가지 이유가 있었던 거네."
재진술 (Paraphrasing)	상대의 말을 자기 말로 바꿔 말하며 확인	"그때 기분이 서운했다는 거구나." "그러니까 너는 그 상황이 억울했다는 거지?"
감정 반영 (Reflecting Feeling)	감정을 정확히 읽어 언어로 표현해 주는 기술	"그 말 들었을 때 화가 많이 났겠네." "그 말 들으면 정말 속상했을 것 같아."
질문하기 (Open-ended Question)	열린(개방형) 질문으로 말 이끌기	"그 상황에서 너는 어떻게 느꼈어?" "그때 너는 어떤 생각이 들었어?"
비언어 반응 (Non-verbal Feedback)	시선, 끄덕임, 표정, 미소 등으로 말하는 사람의 흐름에 호응	(고개 끄덕이며) "음, 계속 말해 봐."

침묵 활용 (Silence)	말을 끊지 않고 여백을 주어 말할 여지를 확보/말할 공간을 주기 위한 여유	(말을 끊지 않고 조용히 기다림)
공감 표현 (Empathy Statements)	상대의 감정에 진심으로 반응하고 지지	"그 상황에서 많이 힘들었겠구나. 나도 그랬을 것 같아." "그 상황이면 나도 속상했을 것 같아."

◆ 실전 사례:

"듣고 있는 줄 알았는데… 화가 났더라고요"

상황: 팀원이 프로젝트 피드백을 할 때, A는 계속 모니터만 보며 "응, 알겠어."만 반복했다.

말을 마친 팀원은 "그렇게 무성의하게 들을 거면 말하지 말 걸 그랬다"며 화를 냈다.

A는 억울했다. 자신은 '정말 듣고 있었다'고 생각했기 때문이다. 하지만 그가 '표정·시선·리액션' 없이 듣고 있었다는 것이 상대에게는 무관심으로 보였던 것이다.

→ 경청은 마음만으로 안 되고, '보이는 집중'까지 포함되어야 한다.

◆ 대화문 예시 - 경청과 비경청 비교

[비경청형]

지원: (스마트폰을 보며) "어… 그래… 아 진짜?"

민수: "나 지금 진지하게 말하고 있는 거야…"

지원: "응응 듣고 있었어…"

[적극적 경청형]

지원: (시선 맞추며) "헉… 그런 일이 있었어?"

민수: "응… 그때 진짜 당황했어."

지원: "당연하지… 그 말 듣는데 나까지 속상하다…"

[비언어적 표현에 따른 효과]

표현 요소	효과
시선	'당신에게 집중하고 있다'는 신호
표정	공감·이해·감정 표현에 직접적 영향
제스처	긍정·수용·의견 강화 효과
고개 끄덕임	리듬감 있는 듣기 + 리액션 효과

* TIP: 경청은 "고개 끄덕이기 + 눈 맞춤 + 간단한 추임새"만으로도 훌륭하다.

[사례 연습]

✔ 상황 1: 친구가 인간관계 스트레스를 토로할 때
- 배경: 친구가 최근 인간관계에서 상처를 받았고, 마음을 털어놓고 싶어 하는 상황

지우: 요즘 사람 만나는 게 너무 피곤해.

현우: (고개를 끄덕이며) 음… 무슨 일 있었어? (❶ 비언어 반응 + 질문하기)

지우: 나만 노력하는 것 같고, 연락도 맨날 내가 먼저 하고…

현우: 그러면 진짜 지치지… (❷ 감정 반영)

현우: 특히 일방적으로 느껴지면 더 외롭잖아. (❸ 재진술)

지우: 맞아. 그 친구는 뭘 잘못했는지도 모르는 것 같아.

현우: 그럼 너는 그 상황에서 뭐라고 말했어? (❹ 명료화)

지우: 아무 말도 안 했지… 그냥 마음이 점점 멀어지는 느낌이랄까.

현우: 그래서 네가 점점 관계를 끊어 가고 있는 거구나. (❺ 요약)

현우: 나라도 진짜 많이 섭섭하고, 상처 받았을 것 같아. (❻ 공감 표현)

→ 이 예시는 친구의 감정을 단순히 들어 주는 것을 넘어, 감정에 공감하고 말로 되짚으며 정서적 지지를 제공하는 경청의 힘을 보여 준다. '비언어 반응 + 감정 반영 + 재진술 + 공감 표현'이 어우러질 때, 상대는 자신이 '이해받고 있다'는 깊은 위로를 받게 된다. 특히, 말을 끊지 않고 적절한 질문으로 이어 가는 흐름은 건강한 관계 유지의 핵심 대화법이다.

✔ 상황 2: 팀 프로젝트 중 동료가 실수했을 때
- 배경: 발표용 파일을 담당한 팀원 '민준'이 마감 시간에 맞추지 못했고, 다른 팀원 '세영'이 상황을 파악하고자 대화를 나누는 장면

세영: 민준아, 혹시 파일 지금 확인해 봤어? 발표 준비 거의 끝나 가거든.

민준: 아… 미안. 사실 어제 집에 일이 생겨서 수정 못 했어.

세영: (눈을 맞추며) 괜찮아, 급한 일 있었구나. (❶ 감정 반영)

세영: 무슨 일 있었는지 말해 줄 수 있어? (❷ 질문하기)

민준: 할머니가 갑자기 편찮으셔서 병원 다녀오느라 정신이 없었어.

세영: 아… 그랬구나. 많이 놀랐겠다. (❸ 공감 표현)

세영: 그럼 파일 마무리는 지금 우리가 조금 도와줄게. (❹ 요약 + 해결 제안)

민준: 미안해. 나 때문에 다들 고생시키는 것 같아서 죄책감 들어.

세영: 지금 민준이 그렇게 느끼고 있다는 게 난 더 마음 쓰여. (❺ 감정 반영)

세영: 우리 팀이니까 서로 도우면 돼. (❻ 재진술 + 격려)

세영: 그럼 발표 전까지 어떤 부분 맡고 싶은지 같이 정리해 보자! (❼ 비언어 반응 + 다음 단계 유도)

→ 이 예시는 경청이 단지 '듣는 자세'가 아니라 갈등을 예방하고, 협력의 분위기를 만드는 능동적 기술이라는 점을 잘 보여 준다.

✔ 상황 3: 회사에서 상사의 피드백을 듣는 장면

• 배경: 기획안을 제출한 후, 팀장에게 피드백을 듣는 장면

팀장: 나영 씨 기획안 잘 봤어요. 전체적인 방향은 좋아요. 그런데 타깃 분석 부분은 조금 더 구체화할 필요가 있겠네요.

나영: (고개를 끄덕이며) 네, 감사합니다. 타깃 분석을 좀 더 세분화하라는 말씀이시죠? (❶ 명료화)

팀장: 맞아요. 고객군이 너무 넓게 설정되어 있어서 마케팅 전략이 흐릿해질 수 있거든요.

나영: 말씀 듣고 보니 확실히 그 부분이 약했던 것 같아요. (❷ 재진술)

나영: 그럼, 구체적인 페르소나 2~3개 정도로 재정리해 보겠습니다. (❸ 요약 + 해결 방향 제시)

팀장: 그 정도면 좋을 것 같네요. 그리고 수치 기반 자료가 좀 더 들어가면 설득력이 높아질 겁니다.

나영: 네, 알겠습니다. 그건 통계 자료 보강해서 업데이트할게요. (❹ 요약 + 수용 표현)

나영: 혹시 이번 주 금요일까지 다시 제출드리면 괜찮을까요? (❺ 질문하기 + 일정 협의)

팀장: 좋아요. 일단 초안이 잘 잡혀 있어서 수정만 조금 하면 괜찮을 겁니다.

나영: 피드백 정말 감사합니다. 부족한 부분 알게 돼서 많이 배웠어

요. (❻ 감정 반영 + 공감 표현)

→ 이 예시는 신입사원 '나영'은 수정 지시를 받은 후 어떻게 경청하고 반응할지를 보여 준다. 직장에서 피드백을 받는 상황에서 경청이 곧 '전문성'과 '협업 태도'를 드러내는 요소가 된다.

[경청 습관 체크 워크시트]

항목	지난 1주일 내 실천한 횟수	체크
상대의 말 중간에 끼어들지 않았다	( )회	☐
말끝을 요약해서 확인했다	( )회	☐
감정에 반응하는 말을 했다	( )회	☐
"응", "그렇구나", "정말?" 같은 짧은 반응을 했다	( )회	☐
고개를 끄덕이거나 시선을 유지했다	( )회	☐

◆ 훈련 팁

- 대화 중 한 문장에 한 번은 반응해 보기
- "음~", "그렇구나", "정말?", "응, 맞아." 같은 말 습관 만들기
- 거울 앞에서 내 경청 표정 체크하기
- 회의나 발표 중 타인의 말에 적극적 제스처 연습하기

6.4. 문해력 기반 공감 능력 향상 전략

우리는 하루에도 몇 번씩 누군가의 감정을 마주한다. 누군가는 분노하고 있고, 누군가는 울고 있으며, 또 다른 누군가는 침묵 속에서 괜찮은 척하고 있다. 그럴 때 내가 어떤 반응을 보이는지는 그 사람과의 관계를 결정짓는 핵심이 된다. 진짜 공감은 단순한 고개 끄덕임이나 말 한마디로 끝나지 않는다. 공감은 감정을 알아차리고, 그 감정의 결을 읽어 내며, 말이나 행동으로 반응하는 하나의 기술이자 태도다.

공감은 '감정 인식'에서 시작된다. 표정, 말투, 단어 속에 숨어 있는 감정의 힌트를 읽어 내는 것이 첫걸음이다. 상대가 "요즘 너무 피곤해."라고 말했을 때, 단순히 "그래, 나도."라고 대답하기보다는 그 안에 숨은 감정이 무기력함인지, 외로움인지, 혹은 기대에 못 미치는 삶에 대한 실망인지 느껴 보는 것이 중요하다.

그다음은 '정서 해석'이다. 겉으로 드러난 단어가 아닌, 그 이면에 있는 감정을 언어로 표현해 주는 단계다. 이 과정에서 중요한 기술이 바로 '청크 스킬(chunking skill)'이다. 청크 스킬은 복잡한 감정을 덩어리로 나누거나 묶어 주는 일종의 감정 정리법이다. 예를 들어, 누군가가 "그냥 다 싫어"라고 말했을 때, 이 말을 그대로 넘기지 않고 '요즘 계속 무기력하고, 사람들에게 지친 것 같다'고 정리해 주는 것이 청크 스킬이다. 이 기술은 감정의 뿌리를 함께 찾아 가며, 감정의 방향성을 되돌려주는 효과를 지닌다.

청크 스킬에는 위로 올라가며 큰 틀을 묶는 업워드 청크, 세부적인 정서를 탐색하는 다운워드 청크, 그리고 반복되는 감정 표현을 정리하는 패턴 청크가 있다. 이러한 기술은 상대의 감정을 있는 그대로 받아 주는 것에서 한 걸음 더 나아가, 감정을 함께 해석하고 재구성해 주는 깊은 공감의 영역으로 안내한다.

마지막은 '연결된 반응'이다. 감정을 인식하고 해석했다면, 이제 그 감정에 내 마음을 담아 반응해야 한다. 때로는 말 한마디, 때로는 함께 침묵하는 시간, 때로는 눈을 맞추며 건네는 "그랬구나" 한 마디가 감정을 껴안아 준다. 이렇게 감정에 연결된 반응은 공감을 '말'로 끝나지 않고 '행동'으로 이어지게 한다. 그래서 진짜 공감은 듣고, 이해하고, 함께 움직이는 것이다.

공감은 타고나는 능력이 아니라 길러지는 능력이다. 감정을 더 세분화해 표현하는 연습, 상대의 말에서 감정을 찾아내는 훈련, 감정 청크로 정리해 보는 연습 등을 통해 누구나 공감의 언어를 넓혀 갈 수 있다. 우리가 말로 위로할 수 있는 사람이라는 건, 그만큼 누군가와 마음을 연결할 수 있는 사람이라는 뜻이다. 공감은 결국 관계를 지켜 주는 말의 태도다.

◆ 공감 3단계: 감정 인식 → 정서 해석 → 연결된 반응

✔ 감정 인식: 표정, 말투, 단어에서 감정의 신호를 알아차리기

→ "지금 말할 때 목소리가 좀 떨리네. 걱정되나 보다."

✔ 정서 해석: 겉으로 드러난 감정 아래에 있는 '진짜 감정'을 찾아내기

→ "혼났다는 게 아니라, '존중받지 못한 기분'이었던 거야, 그치?"

✔ 연결된 반응: 그 감정에 말·표정·행동으로 따뜻하게 반응해 주기

→ "그 말 들었을 땐 정말 속상했겠다. 나라도 그랬을 거야."

◆ 실전 사례: 공감 없는 반응 vs 공감 있는 반응

[공감 없이 대응한 예]

A: "요즘 회사 가기 싫어."

B: "아휴, 다 그런 거지 뭐."

→ 감정을 덮어 버리는 반응, 대화 단절

[공감적으로 대응한 예]

A: "요즘 회사 가기 싫어."

B: "그 말에 마음이 무겁게 들린다… 무슨 일이 있었어?"

→ 감정 인식 → 질문 → 연결 반응

···▸ 감정 단어 확장표

다양한 감정 단어를 알고 사용하는 것은 공감 능력을 기르는 데 있어 중요한 첫걸음입니다. 감정 단어를 더 세분화하여 정리해 보면 다음과 같습니다.

화남 → 분노, 짜증, 억울함, 분개, 당혹, 분함, 속상함, 성냄
슬픔 → 실망, 상실감, 허탈감, 우울함, 외로움, 무력감, 낙담
기쁨 → 뿌듯함, 고마움, 감격, 만족감, 들뜸, 설렘, 기대감
불안 → 긴장, 초조, 걱정, 불확실, 당황, 혼란, 압박감
놀람 → 충격, 경악, 신기함, 당혹, 의외로움, 놀라움, 멍함

◆ **청크 스킬 이해와 실전 활용**

청크(chunk)라는 개념은 원래 인지심리학에서 출발했다. 조지 밀러(George A. Miller)는 인간의 단기 기억이 한 번에 7±2개의 '정보 덩어리(청크)'만을 처리할 수 있다고 설명했다. 이로부터 청크는 '정보 단위', '의미 덩어리'로서의 개념으로 확장되었다. 이후 대화, 코칭, 상담 등 다양한 소통 맥락에서 사람의 생각과 감정을 구조화하는 기술로 발전했다.

대화에서의 청크 스킬은 NLP(신경언어프로그래밍)의 창시자인 리처드 밴들러와 존 그라인더에 의해 처음 체계화되었다. 그들은 사람들

이 소통 중 개념을 확장하거나 구체화하는 흐름을 '업 청크'와 '다운 청크'라는 용어로 설명했다. 최근에는 이와 더불어 반복되는 감정 표현을 묶어 내는 '패턴 청크'까지 포함해 세 가지 유형으로 정리된다. 이 세 가지 청크 기술은 감정을 더 깊이 있게 이해하고, 말의 흐름을 정돈하며, 상대와의 연결을 강화하는 데 효과적이다.

업워드 청크는 말이나 감정의 중심 메시지를 더 큰 틀로 묶어 정리하는 기술이다. 예를 들어 누군가가 '사람도 일도 다 싫다'고 말할 때, 그 말의 핵심을 '지금은 에너지가 바닥나고 쉬고 싶은 시기'라고 정리해 주는 것이 업워드 청크다. 이 기술은 대화를 마무리하거나 통찰을 이끌어 낼 때 유용하다. 다운워드 청크는 말의 핵심을 더 구체적으로 파고드는 기술이다. 막연한 감정 표현 뒤에 숨어 있는 구체적 경험, 사건, 감정의 층위를 드러내게 한다. '상처 받았어'라는 말에 '어떤 말이 가장 마음에 남았어?'라고 묻는 것이 그 예다. 다운 청크는 감정 정리에 도움을 주고, 상대가 스스로 문제를 인식하게 만든다. 패턴 청크는 반복되는 단어와 표현을 포착해 감정 흐름을 정리해 주는 방식이다. '다 귀찮다', '요즘 다 시들하다' 같은 표현이 반복될 때, 이를 단순한 투정으로 넘기지 않고 '최근에 무기력하다는 느낌이 자주 드는 것 같아'라고 반응하면 감정의 습관을 자각하게 만들 수 있다.

청크 스킬은 정서적 소통에서 강력한 도구가 될 수 있다. 감정을 정리하고, 대화를 구조화하며, 감정적 거리감을 좁히는 데 기여할 수 있기 때문이다. 코칭, 감정코칭, 비폭력대화(NVC) 등 다양한 분야에서도 널리 응용되고 있으며, 공감력과 대화 역량을 키우는 데 핵심적인 역할을 한다.

[청크 스킬 3가지 유형]

유형	정의	목적	예시
업워드 청크 (Upward Chunking)	감정이나 주장을 '상위 의미'로 일반화하여 넓은 맥락으로 연결	핵심 가치, 의도 정리, 감정 정리, 통찰 유도	"결국, 너는 관계 안에서 인정받고 싶은 마음이 큰 거구나." "결국 지금 너한테 필요한 건 여유일지도 몰라."
다운워드 청크 (Downward Chunking)	말의 구체적인 상황, 감정의 세부 요소, 배경을 묻고 파고드는 방식	감정 깊이 파악 세부 정보 탐색, 구체화, 감정 해소 유도	"그중에 어떤 말이 제일 마음에 남았어?" "어떤 말이 제일 상처였어?"
패턴 청크 (Pattern Chunking)	반복되는 표현이나 감정 키워드를 묶어 내어 감정의 흐름을 인식시킴, 반복 표현을 묶어 감정 흐름 포착	감정 패턴 자각, 정서의 습관적 흐름 보기	"요즘 자꾸 '무기력하다', '다 귀찮다'는 말이 반복되는 것 같아." "요즘 자주 '싫다'는 말이 나오는 것 같아."

⋯▸ 비교 예시 (하나의 대화를 세 방향으로 청크)

[상대 말]

"사람들이랑 있을 때 자꾸 내가 불편해. 그냥 나 혼자 있는 게 더 편한 느낌이야."

청크 유형	청크 반응 예시	대화 흐름
업워드 청크	"요즘 너한테 중요한 건 '에너지 보존'이나 '자기만의 공간'일 수도 있겠다."	감정의 맥락 → 의도 → 가치로 '확장'
다운워드 청크	"구체적으로 언제 그런 불편함을 제일 강하게 느껴?"	감정의 원인 → 사례 → 상황으로 '세분화'
패턴 청크	"최근 대화에서 '불편하다'는 말을 자주 한 것 같아. 그 감정이 이어지는 이유가 있을까?"	반복 표현을 포착하여 '의식화'

…▸ 청크 스킬 적용 설명 & 실제 대화 예시

① 업워드 청크(Upward Chunking)

감정이나 이야기를 더 큰 틀로 묶어 정리하는 방식으로, 감정의 '핵심 방향'을 함께 찾는 데 효과적이다.

[예시 대화]

A: 요즘 너무 지치고, 일도 하기 싫고, 사람 만나는 것도 귀찮아.

B: 결국 지금 너한테 가장 필요한 건 '쉬는 시간'이거나 '마음의 여유'일 수도 있겠다.

② 다운워드 청크(Downward Chunking)

감정의 표현이 모호할 때, 구체적인 상황과 감정의 뿌리를 묻고 확인하는 방식이다.

[예시 대화]

A: 그 말 듣고 진짜 상처 받았어.

B: 어떤 말이 제일 마음에 걸렸어? 그때 정확히 어떤 느낌이 들었어?

③ 패턴 청크(Pattern Chunking)

상대가 반복적으로 쓰는 표현을 묶어 감정의 흐름을 조명하는 방식이다.

[예시 대화]

A: 그냥 다 싫어. 일도 사람도 다 질려.

B: 요즘 자주 '싫다', '지친다'는 말을 하네. 혹시 무언가에 많이 쌓여 있는 느낌이야?

⋯ 청크 스킬 비교 예시 모음

아래는 하나의 말에 대해 업워드 청크, 다운워드 청크, 패턴 청크로 각각 어떻게 반응할 수 있는지를 보여 주는 예시이다.

[상황 1]

상대방: 사람들이랑 있을 때 자꾸 내가 불편해. 그냥 나 혼자 있는 게 더 편한 느낌이야.

- 업워드 청크: 요즘 너한테 중요한 건 안정감 있는 공간 같아.

- 다운워드 청크: 사람들이랑 있을 때 어떤 점이 제일 불편했어?
- 패턴 청크: 최근에 '불편하다'는 말을 자주 쓰는 것 같아. 혹시 계속 긴장되는 순간이 많았던 걸까?

[상황 2]

상대방: 일이 너무 많아서 그냥 다 놓아 버리고 싶어.
- 업워드 청크: 지금은 쉼이나 회복이 너에게 꼭 필요한 시기 같아.
- 다운워드 청크: 어떤 일이 가장 벅차게 느껴져?
- 패턴 청크: 요즘 '그만두고 싶다', '다 놓고 싶다'는 말이 반복되고 있는 것 같아. 계속 쌓인 피로가 있는 걸까?

[상황 3]

상대방: 나 진짜 괜찮은 줄 알았는데, 갑자기 눈물이 나더라고.
- 업워드 청크: 그 감정은 아마 마음속에 오래 쌓여 있었던 무언가였을지도 몰라.
- 다운워드 청크: 그 순간, 무슨 생각이 제일 먼저 떠올랐어?
- 패턴 청크: 감정을 잘 참는 스타일인 너한테 이런 반응이 나왔다는 게… 뭔가 오래 참아 왔던 것 같아.

[상황 4]

상대방: 친구들 사이에서 괜히 투명 인간 된 기분이야.

- 업워드 청크: 넌 지금 '존중받고 싶은 마음'이 큰 것 같아.
- 다운워드 청크: 어떤 상황에서 가장 그런 느낌이 들었어?
- 패턴 청크: 요즘 대화에서 자주 '소외감', '내 존재가 없는 것 같아' 이런 말을 쓰는 것 같아.

[상황 5]
상대방: 아무리 노력해도 안 되는 느낌이 들어. 나만 멈춰 있는 것 같아.
- 업워드 청크: 요즘 너에게 필요한 건 '인정'이나 '진전감'일 수도 있겠다.
- 다운워드 청크: 특히 어떤 순간에 가장 '멈춘 것 같다'고 느꼈어?
- 패턴 청크: 최근에 '노력', '안 된다', '제자리' 같은 말을 자주 쓰는 것 같아. 뭔가 방향을 잃은 느낌일까?

⋯▸ 청크 스킬 연습 문제

아래 문장을 읽고, 알맞은 청크 방식(업워드/다운워드/패턴)을 선택한 후, 그에 맞게 청크 반응을 적어 보자.

① "내가 무슨 말을 해도 그 사람은 그냥 듣는 둥 마는 둥이야."
→ 적용할 청크 방식:

_____

→ 나의 청크 반응 문장:

_____

② "자꾸 나만 뒤처지는 느낌이야. 괜히 비교되고 자존감도 떨어져."
→ 적용할 청크 방식:

_____

→ 나의 청크 반응 문장:

_____

③ "아무도 날 진짜로 이해하지 못하는 것 같아. 그래서 그냥 말 안 해."
→ 적용할 청크 방식:

_____

→ 나의 청크 반응 문장:

_____

⋯▶ 공감 능력을 키우기 위한 훈련

연습 방법	예시
감정 단어 사전 만들기	'화남' → 분노, 서운함, 무시당함, 억울함 등 세분화
청크 질문 써 보기	"그게 왜 그렇게 힘들었을까?", "이 감정의 뿌리는 뭘까?"

1일 1공감 훈련	하루 한 번, 상대의 감정에 반응하는 말 해 보기
감정 리플레이 쓰기	"그때 그 말을 들었을 때, 나는 이렇게 느꼈다…"로 써 보기

6.5. 말의 이면을 듣는 4가지 기술

공감은 단지 '느껴 주는 것'에서 끝나지 않는다. 고급 수준의 경청은 상대의 말 속에 숨은 감정과 의미, 대화의 흐름까지 함께 듣는 기술이다. 이 장에서는 실전에서 특히 강력하게 작동하는 4가지 고급 경청 전략을 소개한다. 이 기술들은 코칭, 멘토링, 갈등 조정, 팀워크 상황 등 더 깊은 대화를 원하는 모든 상황에 활용될 수 있다.

1) 메타 청취(Meta Listening)

메타 청취란 말의 '내용'이 아닌 '형태'와 '방식'에 주의를 기울이는 기술이다. 사람은 때로 중요한 말일수록 속도를 늦추거나, 특정 단어를 반복하거나, 주제를 빙빙 돌며 회피하기도 한다. 단순히 '무슨 말을 했는가'보다, '어떻게 말했는가', '무엇을 피하거나 강조했는가'에 주목하는 기술이다. 내용을 중심으로 듣는 것이 아니라, 말의 속도, 회피, 반복, 감정의 변화, 주제 전환 방식 등을 포착하는 능력으로, "나는 네 말의 겉뿐 아니라 속도 듣고 있어."라는 신호를 주는 것이 핵심이다. 이런 말의 방식에 주목하는 것이 메타 청취라 할 수 있다.

⋯▶ 예시 1: 반복 회피형

[상대] "아 그 얘기는… 뭐 별거 아냐. 그냥 넘어가자."
- 일반 경청: "응, 알겠어."
- 메타 청취: 중요한 이야기일 수도 있는데 반복적으로 회피하며 얼버무린다.
- 메타 응답: "그 얘기를 안 하고 싶은 마음이 느껴지는데, 혹시 말 꺼내는 게 좀 불편하거나 부담돼?"

⋯▶ 예시 2: 감정 변화 감지형

[상대] "그냥, 다들 좋은 사람들이지. (침묵) …근데 요즘 좀 다르긴 해."
- 일반 경청: "그래도 좋은 사람들이라 다행이다."
- 메타 청취: 앞에는 긍정적인 언급, 후반부엔 목소리 낮아지고 감정 흐름이 바뀜.
- 메타 응답: "처음엔 긍정적으로 말했는데, '근데'부터 분위기가 달라졌네. 그 '다름'이 어떤 느낌이었는지 말해 줄 수 있어?"

⋯▶ 예시 3: 속도 변화 감지형

[상대] "그래서… (말 멈춤) 아무튼 잘 지내고 있어."
- 일반 경청: "응, 잘 지낸다니 다행이네."
- 메타 청취: 중간에 멈추고 문장 전환. 감정을 건너뛰는 느낌.
- 메타 응답: "'그래서'에서 잠깐 말이 멈췄잖아. 그 부분이 조금 조심

스럽게 느껴졌는데 혹시 놓친 얘기가 있어?"

⋯▸ 예시 4: 반복 강조형

[상대] "진짜 괜찮아. 괜찮다니까. 나 진짜 괜찮아."

- 일반 경청: "응, 괜찮다니까 믿을게."
- 메타 청취: 세 번 반복된 '괜찮아' → 실제로는 괜찮지 않을 가능성이 큼
- 메타 응답: "'괜찮다'를 여러 번 말했는데, 오히려 그 안에 뭔가 묻혀 있는 것 같은 느낌이 들어. 혹시 솔직히 괜찮지 않은 건 아니야?"

⋯▸ 예시 5: 급한 주제 전환형

[상대] "아 그 얘기 하면 또 속상해지니까. 근데 주말엔 뭐 할 거야?"

- 일반 경청: "주말에? 영화 보러 가려나?"
- 메타 청취: 속상한 감정을 언급하자마자 급히 주제를 전환함
- 메타 응답: "속상하다는 말이 나왔는데 바로 다른 얘기로 넘어간 거 보니까, 그 얘기를 꺼내는 게 좀 무거운가 봐. 말 안 해도 괜찮아. 근데 마음은 어떠니?"

2) 중간 되묻기(Loop-back/Interjection)

중간 되묻기는 상대의 말이 끝나기 전에 잠깐 끼어들어 감정이나 정보의 핵심을 확인하고 정리하는 기술이다. 이건 단순한 질문이 아니

라, "지금 네 말에서 중요한 게 이건가?", "이 부분만 다시 확인해 볼게."
처럼 상대의 말 흐름을 존중하면서도, 대화의 중심을 잡아 주는 유능한
청취자의 태도이다. 이는 대화를 끊지 않고도 핵심을 짚을 수 있어, 상
대가 '정확히 이해받고 있다'는 감정을 느끼게 한다.

⋯▸ 예시 1: 감정의 핵심이 불분명할 때

[상대] "그냥… 요즘 다 지치는 것 같아. 회사도 그렇고 사람도 그렇고…"
- 일반 반응: "다들 그럴 때 있지."
- 중간 되묻기: "잠깐만, 그 지침은 '사람 때문에'가 더 커, 아니면 '회사 자체'가 더 커?"
- 포인트: 애매한 '다'라는 말에서 중심 스트레스 원인을 되묻는다.

⋯▸ 예시 2: 감정이 겉으로는 다소 무덤덤할 때

[상대] "어제 얘기 나눴던 거 그냥 다 지나간 일이니까… 뭐, 괜찮아."
- 일반 반응: "응, 잘 넘겼네."
- 중간 되묻기: "근데 '그냥 다 지나간 일'이라고 말하면서 살짝 한숨 쉬었는데, 아직 마음에 남은 게 있나?"
- 포인트: 말투나 비언어적 표현을 포착해 감정 잔여 여부를 되묻는다.

⋯▸ 예시 3: 정보가 너무 빠르게 넘어갈 때

[상대] "그래서 결국 그 자료도 다시 냈고, 수정도 다 했고, 팀장이 뭐

라 하긴 했지만 어쨌든 넘어갔지."
- 일반 반응: "잘 마무리됐네."
- 중간 되묻기: "잠깐, 팀장이 뭐라고 했다고 했는데, 그 말이 좀 신경 쓰였던 건 아니야?"
- 포인트: 말 속에서 빨리 넘긴 부분을 포착해 되묻기

⋯▸ 예시 4: 판단이 서지 않은 감정 흐름일 때

[상대] "그때 화가 났던 건 맞는데… 또 한편으론 내가 좀 과했나 싶기도 하고."
- 일반 반응: "그럴 수도 있지."
- 중간 되묻기: "두 감정이 같이 있네. 지금 더 강한 쪽은 어떤 거야? 화남? 아니면 미안함?"
- 포인트: 혼재된 감정 상태를 명료하게 해 주는 되묻기

⋯▸ 예시 5: 위로/격려 전에 정보 확인이 필요한 상황

[상대] "요즘 자꾸 일이 틀어져. 뭘 해도 내가 잘못된 것 같고… 다 내 탓 같아."
- 일반 반응: "에이, 그건 네 탓이 아니야."
- 중간 되묻기: "잠깐만, '잘못된 것 같아'라고 했는데, 최근에 가장 속상했던 실수는 뭐였어?"
- 포인트: 감정 위로 이전에 구체 사례를 되묻기

◆ 중간 되묻기 핵심 공식

"지금 말한 ○○ 중에, 내가 제대로 이해한 게 맞아?"
"그 부분 다시 짚어 봐도 괜찮아?"
"그게 더 크다고 느낀 거야?"
"이건 지금 말해도 될까, 아니면 건너뛰고 싶어?"

3) 청취 스타일 체크(Self Listening Bias)

경청이란 단순히 '말을 듣는 행위'가 아니다. 진정한 경청은 '내가 어떻게 듣고 있는지를 인식하는 것'에서 시작된다. 사람은 누구나 나름의 듣는 습관을 가지고 있고, 그 습관은 대화의 방향과 관계의 질에 큰 영향을 미친다. 이처럼 듣는 방식에 대한 개인의 무의식적인 경향을 '청취 스타일(Self Listening Bias)'이라고 부른다. 청취 스타일은 특정 상황에서 반복되는 듣기 패턴을 의미하며, '내가 듣는 방식에 어떤 무의식적 경향이 있는가'를 자각하고, 그 습관을 점검하는 기술이다. 대표적으로 일곱 가지 유형으로 나눌 수 있다.

첫째, '해결형' 청취자이다. 이들은 상대의 말을 듣자마자 본능적으로 문제를 해결하려 든다. 누군가가 고민을 말하면, 그 고민의 감정보다 해결책을 떠올리는 속도가 빠르다. "그럼 이렇게 해 보면 어때?", "그 사람한테 그냥 말하지 그랬어?"처럼 조언 중심의 반응을 보이기 쉽다. 하지만 때로는 상대가 원한 건 조언이 아니라 감정의 공감일 수 있다. 둘째는 '판단형' 청취자이다. 이 유형은 말의 옳고 그름을 먼저 판단한다. 말을 들으면서 "이게 맞는 말인가?", "누가 잘못한 거지?"를 우선 고려한다. 논리나 사실 확인에는 능하지만, 감정에 대한 민감도는 낮아질 수 있다. 이런 경향은 대화가 '토론'처럼 흘러가게 만들 위험이 있다. 셋째, '공감형' 청취자는 감정에 반응하는 경향이 강하다. "그랬겠다.", "속상했겠어."처럼 정서적 연결을 가장 빠르게 시도한다. 이 유형은 대화를 따뜻하게 만들지만, 지나치게 감정에 몰입하면 객관적인 정리나 방향 제시가 부족해질 수 있다. 넷째, '회피형' 청취자는 감정적으로 무거운 이야기나 갈등 상황을 피하려는 성향이 있다. 상대가 깊은 고민을 이야기하면, "그래도 괜찮을 거야.", "그냥 잊어버려." 같은 말로 얼버무리거나 주제를 돌리는 식이다. 이는 상대에게 '내 감정을 인정받지 못했다'는 인상을 줄 수 있다. 다섯 번째 유형은 '정보형' 청취자이다. 이들은 이야기의 감정보다 사실, 배경, 수치, 맥락 등 정보를 중심으로 청취한다. 예를 들어 상대가 "회의 때 너무 위축됐어."라고 말했을 때, "회의 주제가 뭐였는데?", "몇 명이 있었어?"처럼 맥락 파악에 집중한다. 정리력은 좋지만, 감정과 거리감이 생길 수 있다. 여섯 번째로 '반응 준비형' 청취자는 듣는 동안 내 차례를 기다리며 말할 내용을 머릿속으로 준비하느라 진짜로 듣지 못하는 경우가 많다. 상대 말 중간에 "아 맞다 나도 그랬는데…"라며 말을 끊기 쉬운 스타일이다. 겉보기엔 듣는 것 같지만 실은 자기 말에 집중하고 있는 경우다. 일곱 번째로 주목할 유형은 '비언어 민감형' 청취자다. 이들은 말의 내용보다는 말투, 표정, 목소리의 떨림, 시선 회피 등 비언어적 신호에 훨씬 더 민감하게 반응한다. 상대가 "괜찮아."라고 말해도 표정이 무표정하거나 고개를 돌렸다면, 이들은 "저 사람 지금 화났구나."라고 해석할 가능성이 크다. 이런 민감함은 감정의 실마리를 빠르게 포착하는 장점이 있지만, 동시에 문장의 실제 맥락을 자의적으로 해석할 위험도 있다. 즉, '비언어 민감형'은 문해력의 핵심 역량인 '맥락 이해력'이 낮은 경우에 자주 보이는 특징이기도 하다. 표정이나 말투는 감정의 힌트일 수는 있지만, 말의 전후 맥락과 의도를 읽는 힘 없이는 오해로 이어지기 쉽다. 때문에 비언어 민감형은 자신이 느끼는 감정적 분위기와 말의 실제 의미를 분리해서 받아들이는 훈련이 필요하다. 공감을 넘어, '의미를 이해하는 청취'를 연습해야 한다.

이 일곱 가지 청취 스타일은 상황에 따라 유동적으로 바뀔 수 있다. 중요한 건 '나는 주로 어떤 스타일로 듣는가'를 인식하는 것이다. 그리고 어떤 상황에서 어떤 방식이 더 효과적인지도 고민해야 한다. 멘토링, 리더십, 상담, 협업 등 다양한 장면에서 청취 스타일의 유연한 전환은 관계를 유지하고 소통의 깊이를 만드는 핵심 요소가 된다. 내가 어떤 청취 스타일을 자주 사용하는지를 점검하는 것만으로도 경청의 질이 달라진다.

같은 상황에서도 사람마다 듣는 방식은 다르다. 아래는 한 가지 상황에 대해 청취 스타일별 반응의 차이를 보여 주는 예시이다.

[상황 1]

- 상대의 말: "요즘 일이 자꾸 꼬이고 지적만 받는 것 같아. 내가 뭘 해도 안 되는 느낌이야."

[청취 스타일별 반응 예시]

청취 스타일	반응 예시
① 해결형	"그럼 다음번엔 내가 자료 한번 미리 봐 줄까?"
② 판단형	"근데 그건 진짜 네 실수였어, 아니면 팀장이 예민했던 거야?"
③ 공감형	"그 말 들으면 진짜 속상하고 자존감 깎일 것 같아…"
④ 회피형	"그래도 뭐, 다 그런 시기 있지! 곧 지나갈 거야."
⑤ 정보형	"그 지적이 있었던 게 어떤 상황이었는지 자세히 말해 줄 수 있어?"
⑥ 반응 준비형	"아 맞다! 나도 예전에 비슷한 일 있었는데 말이야…"
⑦ 비언어 민감형	"지금 말은 담담한데 목소리가 약간 떨리는 것 같아… 혹시 더 속상한 거 있어?"

[상황 2]

- 상대의 말: "솔직히 요즘 사람 만나는 게 너무 피곤해. 약속도 다 미루고 싶어."

청취 스타일	반응 예시
① 해결형	"그럼 당분간은 약속 최소화하고 일정 조정하는 게 낫겠네."

청취 스타일	반응 예시
② 판단형	"근데 원래 약속 잡아 놓고 그렇게 다 미루면 좀 예의 없는 거 아니야?"
③ 공감형	"요즘 계속 에너지가 떨어지는 것 같았어. 쉬고 싶다는 마음이 느껴져."
④ 회피형	"하하! 그럴 땐 그냥 혼자 영화나 한 편 보면 풀린다니까~"
⑤ 정보형	"사람 만나는 게 피곤하다고 했는데, 최근에 어떤 모임이 특히 힘들었어?"
⑥ 반응 준비형	"아 맞다! 나도 어제 약속 하나 있었는데 진짜 귀찮았지…"
⑦ 비언어 민감형	"말은 담담한데 눈빛이 좀 지쳐 보여… 혹시 더 힘든 이유가 있어?"

[상황 3]

- 상대 말: "그 프로젝트 발표 때 진짜 너무 긴장돼서 다 틀렸어. 사람들이 날 어떻게 봤을까 싶어."

청취 스타일	반응 예시
① 해결형	"그럼 다음 발표는 내가 먼저 연습 같이 도와줄게."
② 판단형	"근데 진짜 다 틀린 거야? 아니면 네 기준에서 그런 거야?"
③ 공감형	"그 순간 얼마나 불안했을지 상상돼… 발표 끝나고 마음 어땠어?"
④ 회피형	"에이~ 발표는 다들 실수해. 그냥 잊어버려~"
⑤ 정보형	"틀렸다는 게 발표 순서? 내용? 질문 대답 중에?"
⑥ 반응 준비형	"발표 얘기 나오니까 생각났는데 나도 예전에 완전 얼었었거든…"
⑦ 비언어 민감형	"말하면서 손끝이 좀 떨리는 것 같아. 그 정도로 긴장됐던 거야?"

[청취 스타일 자가진단]

사람마다 듣는 방식에는 경향이 있다. 내가 어떤 청취 스타일을 가지고 있는지 파악하고, 대화 상황에 따라 균형 있게 조절하는 것이 효과적인 경청의 시작이다. 아래 문항을 읽고, 1점(전혀 아니다)부터 5점(매우 그렇다)까지 체크해 보자.

(1) 누군가 고민을 얘기하면 해결책부터 떠오르고 조언을 먼저 말하고 싶다.
1☐ 2☐ 3☐ 4☐ 5☐

(2) 상대의 말 중 논리적 오류나 맞고 틀림을 먼저 판단하게 된다.
1☐ 2☐ 3☐ 4☐ 5☐

(3) 감정 표현을 들으면 '그랬겠다', '속상했겠다'는 반응이 먼저 떠오른다.
1☐ 2☐ 3☐ 4☐ 5☐

(4) 누가 힘든 얘기를 하면 화제를 돌리거나 '그래도 괜찮아'로 넘기고 싶다.
1☐ 2☐ 3☐ 4☐ 5☐

(5) 감정보다 상황, 시간, 배경, 조건 같은 정보에 더 집중해서 듣는다.
1☐ 2☐ 3☐ 4☐ 5☐

(6) 상대가 말하는 동안 내 말할 차례를 준비하느라 내용이 잘 안 들릴 때가 있다.

▨ 1☐   2☐   3☐   4☐   5☐

(7) 말보다 표정이나 눈빛, 분위기에 더 민감하게 반응하고 해석하려는 경향이 있다.

▨ 1☐   2☐   3☐   4☐   5☐

[진단 해석 가이드]

각 문항의 점수가 높을수록 아래 스타일 경향이 강하다는 뜻이다.

청취 스타일	설명
① 해결형	문제 해결과 조언 중심 - 상대의 감정을 건너뛰기 쉬움
② 판단형	옳고 그름을 따지는 논리 중심 - 감정적 연결이 약해질 수 있음
③ 공감형	감정에 민감하고 연결하려는 경향 - 지나친 이입에 주의
④ 회피형	감정이나 갈등 회피 - 깊은 대화에서 회피 반응 가능
⑤ 정보형	상황·배경 중심 - 감정보다 맥락에 집중
⑥ 반응 준비형	자기 말할 준비로 인해 청취가 단절될 위험
⑦ 비언어 민감형	표정·말투 등 비언어 신호에 과민 - 말의 맥락보다 느낌 위주로 해석할 수 있음

4) 감정 지도 활용(Emotion Mapping)

경청의 마지막 전략으로 소개할 기술은 바로 '감정 지도 활용(Emotion

Mapping)'이다. 감정 지도란, 상대방의 말 속에 담긴 감정의 흐름을 시간의 순서에 따라 시각적으로 따라가며 듣는 경청 방식이다. 우리는 종종 말의 '내용'에 집중하지만, 실제로 중요한 것은 그 안에 담긴 감정이 '언제', '어떻게' 변화했는지를 함께 듣는 것이다. 이는 단일 감정만을 인식하는 것이 아니라, 감정의 전환과 흐름 전체를 포착하는 고차원의 문해력이다. 예를 들어, 누군가가 "처음엔 괜찮았어. 근데 점점 말이 많아지더니 나중엔 진짜 기분 나빴어."라고 말할 때, 우리는 흔히 마지막 문장만 기억하고 '기분 나빴구나'라고 요약해 버린다. 하지만 그 말속에는 '평정 → 긴장 → 실망 또는 분노'와 같은 감정의 선(line)이 흐르고 있다. 감정 지도란 이 흐름을 머릿속에 그려 가며 경청하는 방식이다.

이 기술은 단순히 머릿속에서 추론하는 데서 끝나지 않는다. 메모지나 종이에 선을 그리고, 감정이 고조되거나 하강한 시점마다 감정 키워드를 붙여 보는 훈련이 매우 효과적이다. 이는 특히 감정 표현이 익숙하지 않거나, 상대의 진심을 파악하기 어려운 상황에서 감정의 전환점을 더 명확하게 포착하도록 도와준다.

감정 지도는 다음과 같은 방식으로 활용할 수 있다.

[신입사원 '민수'의 회의 경험을 바탕으로 한 감정 흐름]
① 대화나 발화를 시간 순서대로 정리하고, 그 흐름을 선이나 곡선으

로 시각화한다.

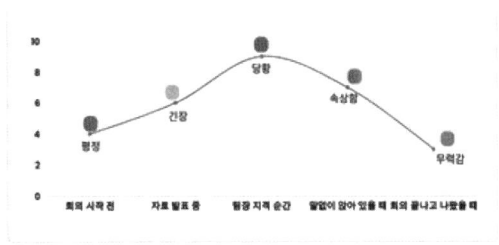

- 예: 평정 → 긴장 → 당황 → 속상함 → 무력감.
② 감정이 바뀌는 지점마다 '분노', '서운함', '놀람' 등의 키워드를 기입한다.
③ 주요 전환점마다 공감 질문이나 중간 되묻기를 시도해 본다.
- 예: "그 순간 감정이 바뀐 것 같은데, 혹시 어떤 말이 특히 마음에 남았어?"

예를 들어 신입사원 '민수'의 사례를 보자. 그는 첫 팀 회의에서 발표를 하던 중 팀장으로부터 공개적인 지적을 받았다. 회의 시작 전에는 평정 상태였고, 발표 중에는 긴장, 지적 순간에는 당황, 말없이 앉아 있던 중에는 속상함, 회의 종료 후에는 무력감을 느꼈다. 이 감정 흐름을 그래프로 표현하면 점진적 고조 후 급격한 하강이라는 전형적인 정서 곡선이 나타난다.

이러한 시각화는 단순한 감정 인식이 아니라, 감정 간의 연결성과 흐름을 보다 명확하게 보여 준다. 이는 코칭이나 심리 상담뿐만 아니라, 면접 피드백, 조직 내 의사소통 훈련, 청년 대상 문해력 수업에서도 활용할 수 있다.

◆ **실전 활용 예시:**
대화 녹음 또는 회상 후 감정 흐름을 선 그래프로 그려 보기
감정 전환점에서 그 감정이 왜 생겼는지 돌아보기
감정 흐름에 따라 내 반응과 상대의 반응을 비교하기

감정 지도는 결국 말의 표면을 듣는 것이 아니라, 그 아래 흐르는 정서를 따라가는 능력을 길러 주는 전략이다. 이는 청년들이 인간관계, 팀워크, 리더십, 발표 등 다양한 상황에서 공감력과 해석력을 발휘할 수 있도록 도와주는 매우 실용적인 문해력 도구이다.

✔ 감정 지도 기반 경청 사례 비교: 김 팀장의 대화

[기존 대화문(감정 지도 경청 미적용)]
김 팀장: 자, 그럼 민수 씨가 준비한 자료 발표해 주세요.
민수: 네, 안녕하세요. 저는 이번 분기 매출 분석과 관련해서…
김 팀장: 잠깐만요. 이 부분 데이터 출처가 정확한가요?

민수: 아… 네, 마케팅팀 자료를 기반으로 했습니다.

김 팀장: 그럼 이런 수치는 좀 더 최신 자료를 가져오는 게 맞지 않겠어요?

민수: 네… 알겠습니다.

김 팀장: 아무튼 발표하느라 수고했어요. 처음이라 그런 거니까 다음엔 조금 더 꼼꼼하게 준비해 봐요.

민수: 감사합니다…

⋯▶ 민수의 감정 흐름

평정 → 긴장 → 당황 → 속상함 → 무력감

⋯▶ 왜 '감정 지도 기반 경청'이라고 보기 어려운가?

내용 청취에는 집중했지만, 감정의 흐름에는 귀 기울이지 못한 상태라고 볼 수 있다.

항목	이유
감정의 전환점 미인식	민수의 긴장 → 당황 → 위축 흐름을 전혀 언급하지 않음
말의 '내용'에만 반응	데이터 출처, 준비 부족 등 정보적 측면만 지적
감정 공감 질문 없음	민수의 표정, 말투, 말 없음 등 비언어 신호에 반응하지 않음
격려와 지적 혼합	"수고했어요"와 "다음엔 더 꼼꼼히"를 함께 말하면서 감정의 혼선을 유발

⋯▶ 적용된 의사소통 기법 분석

① 샌드위치 피드백 기법(Sandwich Feedback)

구성 요소	해당 표현
긍정 표현	"발표하느라 수고했어요."
비판 또는 요청	"다음엔 조금 더 꼼꼼하게 준비해 봐요."
완화/이유 제공	"처음이라 그런 거니까."

→ 비판 사이에 긍정과 이해 표현을 넣어 부담을 줄이려는 구조

② 완곡화(Euphemism) & 간접 지시
- "처음이라 그런 거니까"
→ 직접적으로 "준비가 부족했어"라고 말하지 않고, 경험 부족 탓으로 돌리며 비판을 완화
- "조금 더 꼼꼼하게 준비해 봐요"
→ 명확한 요구(지시)지만 부드러운 표현 사용

③ 이중 메시지(Double Message)의 가능성
- '칭찬'과 '지적'이 함께 담겨 있어, 듣는 사람 입장에서는 감정 혼란 또는 혼합 감정 유발 가능
- 실제로 민수의 감정 곡선에서도 "혼란" 또는 "무력감"이 마지막에 나타났던 이유와 연결됨

◆ 문해력 포인트

겉보기엔 격려 같지만, 문장의 구조와 순서를 잘 들여다보면 **실질 메시지는 '다음엔 더 잘하라'는 요구이다.** 문해력이 부족할 경우 '칭찬인 줄 알고 넘긴다'거나, 반대로 '지적만 기억해서 위축된다'는 반응이 나타날 수 있다.

[감정 지도 기반 경청 적용 대화문(보완본)]

김 팀장: 민수 씨, 발표할 때 긴장된 표정이 보이더라고요. 처음 발표라 많이 떨렸죠?

민수: 네… 좀 긴장됐어요.

김 팀장: 특히 중간에 제가 질문했을 때, 좀 당황한 눈치였는데 괜찮았어요?

민수: 사실… 네, 그때 갑자기 머릿속이 하얘졌어요.

김 팀장: 음… 그럴 수 있어요. 저도 첫 발표 땐 비슷했거든요. 그래도 발표 흐름은 잘 이어 가서 좋았어요.

민수: 감사합니다…

김 팀장: 다음엔 발표 전에 같이 한 번 리허설해 보는 것도 좋을 것 같아요. 준비에 자신감 생기면 훨씬 편해질 거예요. 같이 도와줄게요.

◆ 감정 지도 기반으로 봤을 때 잘한 점

포인트	설명
감정 전환 인식	"긴장된 표정", "당황한 눈치" 등 정서 변화에 주목
공감 질문	"괜찮았어요?", "그때 어떤 기분이었어요?" 등 감정 중심 되묻기
유사 경험 공유	"저도 첫 발표 땐…" → 심리적 거리 좁히기
현실적인 제안	'리허설 같이 하자' → 단순 조언 아닌 정서 기반 피드백

◆ 비교 분석 요약

- 기존 대화문은 정보에 대한 피드백에 집중하고 감정 흐름을 고려하지 않음
- 보완본은 감정의 전환점을 인식하고, 공감 질문과 유사 경험 공유, 실질적 지원 제안을 통해 정서적 연결을 시도함
- 감정 지도 기반 경청은 말의 내용뿐 아니라 말하는 사람의 감정 변화에 반응하는 고차원 청취 전략임

정리하자면, '감정 지도 기반 경청'은 단지 공감하는 말 한마디가 아니라, 말 속 감정의 흐름을 인식하고, 그 전환점에 정서적 연결을 시도하고, 이후 행동으로 신뢰와 도움을 제안하는 전체 흐름이다.

◆ 실전 연습

[시나리오 ⓐ 윤지의 지각 면담]
- 상황: 신입사원 윤지가 반복된 지각으로 인해 팀장과 면담하는 장

면입니다.

- 대화문:

박 팀장: 오늘도 9시 넘었네요. 이번 주만 세 번째예요.

윤지: 죄송합니다. 오늘도 버스가 늦게 와서…

박 팀장: 이유는 알겠는데 팀 분위기도 있고 일정도 있잖아요.

윤지: 네… 주의하겠습니다.

박 팀장: 윤지 씨 일 잘하는 건 알아요. 이런 건 스스로 관리해야 해요.

윤지: 네. 꼭 시간 맞추겠습니다.

◆ 질문:

- 윤지의 감정 흐름을 도식으로 표현해 보세요.

- 윤지가 가장 위축되었을 시점은 언제였을까?

- 이때 어떤 질문이 감정 지도로서 더 적절했을까요?

[시나리오 ⓑ 기대와 실망]
- 상황: 대학생 지우가 프로젝트 발표에서 도와주기로 한 선배의 피드백을 기대하고 만났지만, 무성의한 반응을 들은 상황입니다.

- 대화문:
지우: 선배, 제가 초안 작성한 거 드렸는데 혹시 보셨어요?
선배: 어… 아직 못 봤는데, 그냥 네가 알아서 해도 괜찮지 않아?
지우: 아… 네… 그럼 그렇게 할게요.

◆ 질문:
- 지우는 어떤 감정을 겪었을까요?
_____

- 선배의 말 중 어떤 부분에서 감정 전환이 있었을까요?
_____

- 적절한 경청 방식은 어떤 것일까요?
_____

3부

취업 성공을 위한 문해력: 읽히는 자기소개서, 통하는 면접

7장
채용 담당자의 시선을 사로잡는 자기소개서 작성 전략

7.1. 채용 담당자는 무엇을 읽고 싶어 하는가?

 자기소개서는 단순한 자기 표현의 수단이 아니다. 채용 담당자는 지원자의 글을 통해 '이 사람이 우리 조직에 적합한 사람인가?'라는 질문에 대한 실마리를 찾고자 한다. 즉, 자기소개서는 자신을 드러내는 글이면서도, 동시에 '읽히는 글'이어야 한다. 특히 최근 수시채용 확대, 직무 중심 평가 강화, 조직 문화 적합성 중시 등 채용 트렌드가 변화하면서, 자기소개서는 더욱 정교한 전략적 글쓰기를 요구하고 있다. 이때 필요한 것이 바로 '문해력'이다. 문해력이란 단지 글을 읽고 쓰는 능력을 넘어, 상황을 파악하고 의도를 해석하며 적절하게 표현하는 종합적 사고 능력을 의미한다. 특히 자기소개서와 같은 평가 기반 글쓰기는 문해력의 진짜 쓰임새가 드러나는 장면이다.

채용 담당자는 단순히 '잘 쓴 글'이 아니라, '정확히 읽힌 글'을 찾는다. 이들은 다음과 같은 질문을 자기소개서를 읽으며 동시에 던진다.

"왜 이 경험을 썼을까?"
"이 경험은 직무와 어떤 관련이 있을까?"
"이 사람은 우리 조직과 잘 맞을까?"
"단지 스펙이 아니라, 일을 하는 방식은 어떨까?"

즉, 글의 문장력보다 문장의 기획력과 메시지 전달력에 더 집중한다. 여기서 문해력이 개입한다. 문해력이 좋은 청년은 자기 경험을 객관적으로 바라보고, 타인의 시선으로 재구성할 줄 안다. 나의 경험을 단순히 나열하는 것이 아니라, 읽는 이가 이해하기 쉬운 순서로 구성하고, 문맥에 맞게 메시지를 전달하는 능력이 바로 문해력의 핵심이다.

최근 한 취업 포털 설문조사에 따르면, 인사담당자가 자기소개서를 검토하는 평균 시간은 약 5~8분. 이 짧은 시간 안에 지원자는 "무엇을 강조하고, 어떤 구조로 설명할지"를 판단하고 써야 한다. 그 안에 핵심 키워드가 보이지 않으면 탈락 대상이 되기 십상이다. 이는 곧 '정보 해석력'과 '선택적 표현력'이라는 문해력의 영역이다. 특히 다음 세 가지 요소는 채용 담당자가 반드시 찾으려 하는 부분이다.

- 직무 적합성: 자신이 지원하는 직무에 대한 이해와, 그에 맞는 역량이 드러나는가?
- 조직 문화 적응력(컬처핏): 우리 조직 안에서 이 사람이 어떤 태도로 일할지 짐작할 수 있는가?
- 문제 해결형 사고력: 단지 어떤 일을 했다는 게 아니라, 어떤 문제를 인식하고 어떻게 해결했는지가 보이는가?

이는 곧 문해력 모델인 L-CODE의 핵심 요소들과 그대로 연결된다.

[L-CODE와 채용 담당자의 읽기 방식 매칭]

문해력 역량 (L-CODE)	채용 담당자의 읽기 방식과 연결
핵심 정보 파악력	직무 요구 역량과 관련된 키워드를 정확히 제시했는가?
맥락 이해력	왜 이 이야기를 이 시점에 꺼냈는지를 채용 담당자가 이해할 수 있는가?
논리 구조화력	경험이 시간 순서, 문제 중심, 결과 중심으로 명확히 구성되어 있는가?
전략적 커뮤니케이션	자기를 드러내는 글이 아니라 상대방(기업)의 시선에서 쓴 글인가?

문해력이 부족한 자기소개서는 다음과 같은 특징을 보인다:

- 좋은 경험이 있음에도 왜 썼는지 불명확하다. → 맥락 부재
- 다양한 경험이 나열되지만 직무와의 연결이 없다. → 전략적 관점

부족
- 문장이 아름답지만 논리적 흐름이 없고, 요점이 없다. → 논리 구조 약함
- 키워드가 추상적이고, 인사담당자가 원하는 정보가 보이지 않는다. → 핵심 정보 누락

결국 자기소개서는 '말 잘하는 글'이 아니라 '생각을 잘 전달하는 글'이 되어야 하며, 이는 곧 문해력 기반 글쓰기의 실전이다. 채용 담당자의 시선은 화려한 문장이 아니라, 읽으면서도 '직무에 적합한 사람인지'를 판단할 수 있는 글에 멈춘다. 이것이 바로, 자기소개서를 쓸 때 문해력이 반드시 필요한 이유이다. 다음 장에서는 이런 문해력 기반의 자기소개서를 실제로 어떻게 구성하는지, 전략적인 글쓰기의 구조를 살펴보자.

7.2. 자기소개서를 완성하는 START 기법

많은 청년들이 자기소개서에 '좋은 경험'은 담고 있지만, 그것이 왜 중요한지, 어떤 역량으로 연결되는지를 충분히 설명하지 못한다. 단순히 "무엇을 했다"는 진술만으로는 채용 담당자의 관심을 끌기 어렵다. 채용자는 그 경험을 통해 지원자가 어떤 방식으로 문제를 해결했

고, 어떤 성장을 이루었으며, 그 태도가 실제 직무에서 어떻게 발현될 수 있을지를 궁금해한다. 이는 단지 자기소개서 문장력의 문제가 아니라, 문해력, 즉 '생각을 구조화하고 설득력 있게 표현하는 힘'의 문제다.

자기소개서 서사는 경험이 아닌 '해석력'으로 평가된다.

최근 채용 트렌드는 점점 더 직무 중심, 상황 중심, 실무 적용 중심으로 변화하고 있다. 이제는 "어떤 경험을 했는가?"보다 "그 경험을 어떻게 해석했고, 어떤 통찰을 얻었는가?"가 평가의 핵심이 되고 있다. 예를 들어, 단순히 "봉사활동을 열심히 했다."는 진술은 지원자의 성실함을 보여 줄 수는 있다. 그러나 '문제 상황을 어떻게 인식했는지', '그 상황에서 어떤 판단을 했고 어떤 행동을 선택했는지', '그 결과는 무엇이었으며 어떤 성장으로 이어졌는지'를 설득력 있게 서술해야 인사담당자의 마음을 사로잡을 수 있다. 이러한 목적에 부합하는 전략적 글쓰기 도구가 바로 START 기법이다. START는 일반적으로 알려진 STAR 기법(Situation-Task-Action-Result)에 마지막 T(Takeaway)를 덧붙인 문해력 확장형 구조이다.

[경험에서 역량으로 이어지는 START 기법]

요소	설명	포인트
S(Situation)	어떤 상황이었는가?	배경, 맥락, 문제 설정을 간결하게 제시
T(Task)	나는 어떤 역할과 과제를 맡았는가?	명확한 책임 강조
A(Action)	나는 어떤 행동을 했고, 왜 그렇게 판단했는가?	과정 중심 설명
R(Result)	어떤 결과를 이끌어 냈는가?	수치·반응 등 객관적 결과 포함
T(Takeaway)	이 경험을 통해 무엇을 배웠고, 어떤 역량을 길렀는가?	현재 지원 직무와의 연결 포함

✔ START 기법

이 기법은 단순한 서사 구조를 넘어, 다음과 같은 문해력 기반 사고력을 요구한다:

- 핵심 정보 파악력: 중요한 상황과 역할을 선별하여 제시해야 함
- 맥락 이해력: 행동을 어떤 판단에 기반해 선택했는지를 설명해야 함
- 논리 구조화력: 흐름과 결과를 독자가 따라가기 쉽게 배열해야 함
- 전략적 커뮤니케이션: 직무 연관성과 조직 적합성을 끝에 명확히 전달해야 함

✔ 예시 비교

- 일반 진술형: "공모전에 참가해 팀원들과 협력하며 자료를 조사하고 PT를 만들었습니다."

→ 문제 없음. 그러나 평가자가 읽을 정보가 없다. 무엇을 어떻게 했는지, 왜 그랬는지, 결과는 어땠는지, 직무와 어떤 연결이 있는지 파악할 수 없다.

✔ 실전 작성 팁
- START 기법 적용: "공모전에 참가했을 당시, 팀원 간 역할 분담과 정보 정리가 제대로 되지 않아 초반 기획안이 반려되는 일이 있었습니다(S). 팀장으로서 나는 이를 조율하고, 팀원 간 주제 이해도 격차를 줄이기 위한 토론을 주도했습니다(T). 이후 주제별 자료 분류, 경쟁사 벤치마킹 회의 등을 통해 내용을 구조화했고(A), 그 결과 기획안이 최종 본선에 진출하고 장려상을 수상하게 되었습니다(R). 이 경험을 통해 저는 협업 갈등 조정, 정보 구조화, 발표 전략 설계 등의 실제적인 기획력과 커뮤니케이션 역량을 키웠습니다(T)."
→ 이 문장은 단순 경험 기술이 아니라 사고 흐름의 전개를 보여 주며, 문해력 기반 글쓰기의 구조적 완성도를 담고 있다.

후자는 START 구조 속에서 경험과 분석, 그리고 역량 연결까지 완성된 논리 구조를 갖추고 있다. 특히 마지막 T(Takeaway)는 자신이 경험을 어떻게 해석했는지를 보여 주는 부분이며, 인사담당자는 이 구조 속에서 지원자의 '사고력'과 '성찰력'을 동시에 읽어 낼 수 있다. 예를 들면, 이런 문구이다. "이 경험을 통해 내가 얻은 가장 큰 교훈은, '조율보다 경청이 먼저다'는 사실이었습니다. 그 이후, 팀 내에서 의견 조율 시 항상 먼저 상대의 맥락을 확인하는 습관이 생겼고, 이것이 학회나 프로젝트에서도 신뢰를 구축하는 데 큰 도움이 되었습니다." 이것이 바로 문해력을 기반으로 한 자기소개서의 힘이다. 다음 장에서는 이를 실제 문장으로 구성하는 훈련을 함께 해 보자.

[START 기법을 자기소개서에 녹이는 법]

단계	작성 요령	핵심 문해력 요소	포인트
S 상황 제시	너무 길지 않게 맥락 설명, 전개를 위한 배경	핵심 정보 파악력	간결하게
T 역할·과제	나의 구체적인 위치, 맡은 일 강조	맥락 이해력	명확히
A 행동·판단	단순 나열 아닌, 왜 그렇게 했는지 포함	사고 흐름 전달	구체적으로
R 결과	수치, 피드백, 변화된 환경 등 제시	구조화된 전달	수치와 반응 중심
T 교훈·역량	지금의 나에게 어떤 의미로 남았는지 설명	전략적 커뮤니케이션	직무와 연결

7.3. 사례를 논리로 바꾸는 문장 훈련

앞에서 START 기법을 통해 자기소개서를 구조화하는 5단계 프레임을 배웠다면, 이번에는 그 구조를 실제 문장으로 바꾸는 훈련을 진행한다. 아무리 훌륭한 경험과 인사이트가 있어도, 그것을 문장으로 표현하지 못하면 의미를 전달할 수 없다. 특히 많은 청년들이 자신에게 강점이 되는 경험이 있음에도 불구하고, 그 내용을 단순한 진술로만 제시하는 경우가 많다. 이는 문해력 중에서도 '논리 구조화력'과 '전략적 커뮤니케이션'이 부족하다는 신호일 수 있다.

예를 들어 다음과 같은 문장은 문해력 기반 자기소개서에서는 설득력을 갖기 어렵다:

- "봉사활동을 열심히 했습니다."
- "동아리 회장을 맡으며 리더십을 키웠습니다."

위 문장들은 어떤 활동인지, 어떤 과정을 거쳤는지, 어떤 결과나 배움이 있었는지를 알 수 없다. 아래는 이를 START 기반으로 논리적으로 구성한 사례다:

- "주 1회 지역아동센터에서 멘토링을 하며 초등학생의 수학 학습을 도왔습니다. 문제 해결에 어려움을 겪던 아이가 점점 수업에 흥미를 보이는 모습을 보며, 교육의 지속성과 공감의 중요성을 체감했습니다."

- "동아리 회장을 맡아 기존에 분산되었던 부원들의 활동 일정을 통합하고, 프로젝트별 팀 구성을 체계화했습니다. 이를 통해 참석률이 20% 이상 증가했고, 연말 전시회 만족도 조사에서 긍정 응답률이 90%를 넘었습니다."

이러한 문장들은 단순한 활동 서술을 넘어, '상황-행동-결과-교훈'이라는 흐름 속에서 문해력 기반 자기소개서 문장으로 발전된 사례다. 문해력은 문장 사이의 연결에서 드러난다. '그래서', '하지만', '결과적으로' 등의 접속어나 전환 표현을 적극적으로 활용해 문장 간 논리 흐름을 강화하자.

◆ 실전 훈련 팁:
- 한 줄 자기소개 문장을 적고, 그 문장을 "왜?", "어떻게?", "그래서?"라는 질문으로 확장해 보기
- 경험을 기술할 때 '배경 → 문제 → 해결 과정 → 결과 → 배운 점'의 흐름으로 정리하기
- 문장 간 연결어를 활용하여 글의 맥락성과 설득력을 높이기

자기소개서는 단순히 활동을 나열하는 글이 아니라, 사고력과 성찰력을 문장으로 구조화하는 글이다. START 기법을 구조로 익혔다면, 이제는 그것을 설득력 있는 문장으로 바꾸는 문해력 실천이 필요하다.

7.4. 문해력 기반 자기소개서 작성 실전 팁

많은 청년들이 자기소개서를 작성할 때 가장 많이 듣는 조언은 "STAR 기법을 활용하라"는 것이다. 실제로 STAR는 경험을 간결하게 정리하고, 평가자가 이해하기 쉬운 글을 쓰는 데 매우 유용한 틀이다. 하지만 문해력 관점에서 보면, 형식 자체보다 중요한 것은 '무엇을 전달하느냐'와 '그 방식이 얼마나 자연스럽고 설득력 있느냐'이다. 문해력 있는 자기소개서는 단순한 스펙 나열이나 일화 소개가 아니라, 독자의 입장에서 이해하기 쉽고, 직무와 연결된 메시지를 효과적으로 전달하는 글이다. 이는 결국 글쓰기 형식을 외우는 것이 아니라, 상황에 맞게 구성할 수 있는 능력에서 비롯된다.

자기소개서에서 중요한 건 내가 어떤 경험을 했는지가 아니라, 그 경험을 어떻게 바라보고 어떤 의미를 뽑아내며, 그것이 지금의 나와 어떤 연결고리를 가지는가이다. 따라서 다양한 구조를 활용할 수 있다. 예를 들어, '원인→전환→결과' 구조는 다음과 같이 표현된다.

◆ **의미 중심 자기소개서 문장 구조 예시:**
원인 → 전환 → 결과

✔ 예시 1

[원인] 팀 프로젝트에서 일정 지연이 반복되며 팀 내 갈등이 커졌습니다.

[전환] 저는 팀 회의 시간에 문제 원인을 함께 분석하고, 중간 점검표를 제안했습니다.

[결과] 그 결과 각자의 진행 상황이 명확해졌고, 프로젝트는 기한 내에 성공적으로 마무리되었습니다.

✔ 예시 2

[원인] 홍보 동아리 활동 중 SNS 콘텐츠 반응률이 저조하다는 문제를 발견했습니다.

[전환] 사용자 반응 데이터를 분석해 타깃을 좁히고, 인터뷰 기반 콘텐츠로 전략을 수정했습니다.

[결과] 이후 평균 반응률이 2배 이상 상승하며, 팔로워 수 또한 빠르게 증가했습니다.

[의미 중심 자기소개서 문장 구조]

구조	의미	질문
원인	문제 상황, 계기, 갈등 등	어떤 배경 또는 문제 상황이 있었는가?
전환	내가 직접 했던 핵심 행동 또는 전략 변화	그 상황에서 내가 선택한 행동이나 전략은 무엇이었는가?
결과	행동의 구체적인 성과, 배운 점, 변화된 태도	그 결과로 어떤 변화나 성장이 있었는가?

이 구조는 자기소개서에서 흔히 쓰는 단순 나열형('○○를 했다, 다음에는 ○○를 했다')보다는 사고 흐름형('문제 - 분석과 행동 - 성과')을 보여 줘서 문해력과 문제 해결 역량을 동시에 드러낼 수 있어 '나의 생각 흐름'을 보여 주는 데 탁월하다. 경험의 나열보다 '해석과 판단의 흐름'을 드러낼 수 있기 때문이다. 결국, 자기소개서에서 중요한 건 STAR이냐 아니냐가 아니라, 독자가 이해하기 쉬운 흐름으로 사고의 전개를 보여 주는 것이다. 문해력이란, 형식을 정답처럼 외우는 것이 아니라, 상황에 맞는 형식을 선택할 수 있는 능력이다. 글쓰기에서도 마찬가지다. START 기법을 포함하여 원인-전환-결과, 문제-해결-교훈 등 다양한 방식으로 경험을 구조화할 수 있으며, 그 구조 안에서 얼마나 설득력 있게 말하느냐가 문해력 기반 자기소개서의 핵심이다. 이제부터는 특정 형식에 갇히지 않고, 자신의 경험을 가장 잘 전달할 수 있는 구조를 선택하고 설계하는 능력을 키워야 한다. 이것이 문해력 있는 자기소개서의 진짜 전략이다.

◆ **같은 경험, 다른 서사 구조 비교 예시**

[사례: 학교 축제 기획]

- S(상황): 학교 축제를 기획하는 동아리 활동
- T(과제): 제한된 예산으로 최대 효과를 내는 것
- A(행동): 지역 업체 스폰서를 유치하고, SNS를 활용한 온라인 이벤트 진행

- R(결과): 방문자 수 150% 증가

① STAR 기법 기반 자기소개서 문장

"학교 축제 준비 위원으로 참여했을 때, 가장 큰 과제는 한정된 예산 안에서 최대한의 관객을 유치하는 것이었습니다. 저는 먼저 지역 업체와의 제휴를 통해 스폰서를 확보하고, SNS를 활용한 홍보 이벤트를 기획해 예비 관람객들의 참여를 유도했습니다. 그 결과, 예년 대비 방문자 수가 150% 증가했고, 축제 홍보 콘텐츠의 평균 조회수도 기존보다 두 배 이상 높아졌습니다."

⋯▸ 주된 인상:
- '똑 부러진 진행력',
- '기획-실행-성과'의 분명한 구조
- 성과 강조형
→ 실무 실행력을 보고 싶은 채용 담당자에게 효과적

② 문해력형 서사 기반 자기소개서 문장(원인 → 전환 → 결과)

"예산이 대폭 삭감되며 축제 기획팀 내 분위기는 침체되어 있었습니다. 단순히 돈이 없어서가 아니라, 우리가 왜 이 축제를 여는지도 잊히는 듯했습니다. 저는 이 위기를 '외부 자원을 활용하는 기회'로 전환하고자 했고, 지역 소상공인을 직접 찾아가 축제 부스와 온라인 공동 홍보를 제안했습니다. 이 협업은 생각보다 큰 반응을 얻었고, 방문자 수는 전년 대비 150% 이상 증가했습니다. 무엇보다, '자원이 부족해도 기획의 방향은 살릴 수 있다'는 확신을 얻은 경험이었습니다."

⋯▸ 주된 인상:
- 감정과 맥락을 읽고 전환점을 주도한 사람
- 문제 해결 + 의미 추출
- 협업, 관계 형성, 가치 중심
→ 조직 문화 적합성, 판단력, 주도성을 보고 싶은 채용 담당자에게 매력적

[구조화 기법 비교]

항목	STAR(T) 기법	원인→전환→결과	핵심 차이
핵심 포인트	상황-행동-결과 중심	흐름과 원인, 해결 중심	무엇을 했는가 vs 왜/어떻게 변화했는가
초점	구조화된 행동 + 결과	사고 흐름 + 의미 전환	행동 중심 vs 의미 중심
강조	성과, 실행	맥락, 통찰	결과 중심 vs 성장 중심
인사담당자 인상	일을 잘하는 사람	상황을 바꾸는 사람	실행자 vs 주도자
장점	명료한 정형 구조, 평가자 친화적	설득력 있는 사고 흐름, 감정 표현 가능	평가 기준 명확성 vs 감정·맥락 표현력

주의점	형식에 갇히기 쉬움	구조 설계에 약간의 연습 필요	작성은 쉬우나 내용이 평면적 vs 연습 필요 하지만 서사력 강화
추천 직무	실무형 직무, 정량 설과 강조	기획형 직무, 조직 문화 적합 강조, 문제 해결, 커뮤니케이션 직무	전략 선택 가능

앞서 문해력이 자기소개서에서 어떻게 작용하는지를 이론적으로 살펴보았다면, 이번 장에서는 실제 작성 과정에서 청년들이 적용할 수 있는 구체적인 팁을 정리해 본다. 특히 '문해력의 4요소(L-CODE)'를 바탕으로 자기소개서를 전략적으로 구성하는 법에 집중한다.

◆ **L-CODE 4요소 기반 실전 팁**

① 핵심 정보 파악력

- 채용 공고와 직무기술서를 '읽는 훈련'을 먼저 하자. 거기에 자주 등장하는 키워드(예: 문제 해결, 소통, 기획 등)나 직무필수역량을 자기소개서에 반드시 반영하자.
- 기업의 홈페이지, 뉴스, 사회공헌 활동, 직무 인터뷰 등을 분석하여, 지원하는 직무와 조직이 중요하게 여기는 역량을 추출하자.
- 자기소개서 초안 작성 전, '내 경험 중 이 직무와 연결 가능한 키워드 리스트'를 미리 정리해 보는 것이 효과적이다.

② 맥락 이해력
- 경험은 시간 순서보다 의미 흐름(원인 → 전환 → 결과)으로 재구성하자.
- 글을 쓸 때 '이 이야기를 지금 왜 쓰는가?', '이 문단은 어떤 메시지를 주는가?'를 항상 자문하자.
- 기업의 가치, 비전, 조직 문화와 연결되는 경험이라면 더욱 강조해서 작성하자.

③ 논리 구조화력
- 문장 간 연결성을 강화하는 접속어를 활용하자.
  예) 한편, 특히, 결과적으로, 따라서, 반면에 등
- 한 문단에 하나의 메시지만 담고, 각 문단이 독립적이면서도 전체 흐름에 기여하도록 구성하자.
- 글을 쓰고 나서 구조 검토(서두-전개-정리의 리듬)를 반드시 반복하자.

④ 전략적 커뮤니케이션
- '내가 하고 싶은 말'보다 '상대가 알고 싶은 정보'를 중심에 두고 구성하자.
- 자기 PR이 아니라, '조직에 어떤 가치를 줄 수 있는 사람인가'에 초점을 맞춰 말하자.

- 경험을 나열하지 말고, 회사의 문제를 내가 어떻게 해결할 수 있을지를 보여 주는 방식으로 쓸 것.

◆ **각 문해력 요소별 작성 예시 제안**

① 핵심 정보 파악력 기반 작성 예시
- 팁 요약: 직무기술서 키워드를 자기소개서에 반영하라
- 작성 예시: "'문제 해결' 역량이 중요하다는 점을 직무기술서에서 확인한 후, 대학생 광고 공모전에서 일정 지연 문제를 극복했던 경험을 중심으로 작성했습니다."

→ Point: 경험보다 '직무 키워드'가 먼저 나오는 구성!

② 맥락 이해력 기반 작성 예시
- 팁 요약: 경험을 시간 순서가 아닌 '의미 흐름'으로 재구성
- 작성 예시: "과대표 활동 중 팀 간 의견 충돌을 조율했던 경험은, 제가 지원한 기획 직무에서 '이해관계자 간 조율'이라는 핵심 역할과 맞닿아 있다고 생각합니다."

→ Point: '왜 이 이야기를 지금 이 문단에 쓰는가'가 드러남

③ 논리 구조화력 기반 작성 예시
- 팁 요약: 문장 간 논리 연결어 + 기승전결 구조
- 작성 예시: "한편, 기획안을 제안할 당시에는 반려될 가능성이 높

았지만, 데이터를 보완한 결과 기획 승인율이 20% 향상되었습니다. 이러한 경험은 자료 해석력과 설득 구조 설계 능력을 보여 줍니다."

→ Point: 문장 사이 연결성과 구조적 마무리

④ 전략적 커뮤니케이션 기반 작성 예시
- 팁 요약: 나 중심이 아닌 '회사 입장에서' 말하기
- 작성 예시: "오늘 면접을 위해 어떤 준비를 했는지 말씀드리자면, 단순히 제가 했던 경험을 자랑하고 싶기보다, 이 경험이 우리 조직에서 어떤 가치를 줄 수 있을지를 고민하며 진정성을 전달해야겠다 생각했습니다."

→ Point: 경험을 '회사 관점'으로 재구성했다는 메타 메시지

⋯▶ 자기소개서 작성 전 체크리스트(L-CODE 기반)
- 이 문장에서 가장 중요한 키워드는 무엇인가?
- 이 경험은 이 직무와 어떻게 연결되는가?
- 이 내용이 회사 입장에서 읽힐 때, 어떤 가치를 주는가?
- 글의 흐름은 자연스럽고, 문장 간 논리는 명확한가?
- 마지막 문장은 지원자로서의 방향성과 태도를 보여 주는가?

문해력은 결국 '읽는 능력'과 '쓰는 능력'을 동시에 요구한다. 자기소

개서는 나를 표현하는 글이면서도, 상대에게 읽히고 해석되어야 하는 글이다. 따라서 자기소개서를 잘 쓴다는 것은 단지 글을 잘 쓰는 것이 아니라, 나를 전략적으로 설계하고 소통하는 힘을 기르는 일이다. 이것이 곧 문해력의 실전이자, 성공적인 취업의 실마리다.

8장.
기업과 채용 공고를 읽어 내는 힘

8.1. 채용 공고 및 직무기술서 심층 분석 방법

"읽는 힘이 전략이 되는 순간"

자기소개서를 쓰기 전에 반드시 먼저 읽어야 할 문서가 있다. 바로 채용 공고와 직무기술서(Job Description)다. 하지만 많은 청년들이 이 문서를 대충 넘겨 본다.

"그냥 공통 양식이라 비슷해 보여요."
"막상 읽어도 뭐가 중요한 건지 모르겠어요."

채용 공고는 단순한 '모집 안내문'이 아니다. 기업이 원하는 사람을 암호처럼 숨겨 둔 텍스트이며, 문해력 있는 독자에게만 그 핵심이 '보이는' 문서다.

1) 채용 공고는 암호문이다

단순히 "지원서 접수일 ~ 모집 인원"만 보았다면, 그건 겉껍질만 훑은 것이다. 채용 공고 안에는 다음과 같은 정보가 들어 있다.

[채용 공고 읽기 전략]

공고 항목	읽는 법 (문해력 적용)	파악해야 할 정보
모집 직무명	명칭 속 '의도' 찾기	'주니어 마케팅 전략' → 실무 + 기획 + 자료 정리 역할
주요 업무	동사와 목적어 분석	"데이터 수집 및 정리" = 단순 반복? vs 전략 분석 전 단계?
자격 요건	반복 키워드 추출	'문제 해결', '협업', '커뮤니케이션' 반복 = 조직 문화 힌트
우대 사항	경쟁 포인트 명시	"영상툴 가능자", "영업 경력자" = 자기소개서 강조 우선순위
기업 소개	지원 동기 자료	미션, 핵심 가치, 최근 보도 자료 등 활용 가능성

2) 실제 공고 읽기 훈련: 예시 질문

다음과 같은 문장들이 보이면, 문해력 질문을 던져 보자:

- "고객 중심의 사고를 지닌 인재" → 고객 중심이란 무엇을 의미할까? 내가 경험한 적 있나?
- "글로벌 역량 보유자 우대" → 단순 어학 수준일까? 협업 경험일까?

- "자기주도적으로 업무를 수행할 수 있는 자" → 내가 주도했던 경험을 떠올릴 수 있을까?

→ 이렇게 질문을 던지며 '해석 가능한 단어'를 찾는 것이 문해력이다.

3) 문해력 기반 공고 분석 3단계
① **직무 키워드 색출하기**
- 담당 업무/자격 요건 항목에서 반복되는 동사와 명사 중심 분석
- 예: 분석, 조율, 설계, 보고, 협업 등

② **조직/문화 키워드 찾기**
- 공고 후반부 '우리 회사가 원하는 인재상' 파트에서 핵심 가치 찾기
- 예: 소통, 수평적 문화, 도전 정신 등

③ **내 경험과 매칭하기**
- 위에서 찾은 키워드에 맞는 경험 1~2개 먼저 추출 → 자기소개서 초안 설계에 활용

4) 문해력 적용 사례
◆ **채용 공고 문장:**
"기획안 작성 및 사내 커뮤니케이션 조율 업무"

◆ **문해력 적용 질문:**

'기획안'은 어떤 주제? 누굴 위한 기획? '커뮤니케이션 조율'은 회의 주도? 이메일 정리?

◆ **자기소개서 연결 방식:**

"다양한 의견이 오가는 조별 과제에서 팀장 역할을 맡아 일정을 정리하고 갈등을 중재했던 경험은 조직 내 협업 구조 설계 능력을 키운 기회였습니다."

◆ **요약 정리 박스** ◆

⋯▸ 핵심 정리
- 채용 공고는 글이다. 단지 정보 문서가 아니라, 맥락을 읽어 내는 텍스트이다.
- 문해력 있는 사람은 '무엇을 요구하는가?'보다 '왜 이런 표현을 썼는가?'에 더 주목한다.
- 자기소개서는 읽은 만큼 쓸 수 있다.
- 제대로 읽지 못한 공고는, 아무리 정성 들여 써도 핵심을 빗나간다.

8.2. 기업 문화와 인재상 읽는 법

많은 지원자들이 자기소개서를 작성할 때 열정, 책임감, 끈기 등의 좋은 특성을 강조한다. 하지만 채용 담당자가 진짜로 주목하는 것은 단순히 좋은 성격이나 경험이 아니라, '우리 조직에 잘 맞을 것 같은 사람인가?'라는 점이다. 즉, 자기소개서에는 나의 강점만 드러나는 것이 아니라, 그 강점이 해당 조직과 얼마나 잘 맞는지를 보여 주는 '컬처핏(Culture Fit)'이 담겨야 한다.

기업은 채용 공고, 공식 홈페이지, 연례보고서, 기업 블로그 등 다양한 채널을 통해 자신들의 인재상과 조직 문화를 드러낸다. 단어 하나, 문장 하나가 그들의 가치와 철학을 반영하고 있으며, 이것은 단순한 장식이 아니라 조직 내부의 행동 기준이기도 하다. 예를 들어, '도전하는 인재', '자율과 책임', '글로벌 감각' 같은 표현은 그 회사가 어떤 인재를 실제로 선호하는지 보여 주는 힌트다. 이러한 인재상을 읽어 낼 수 있는 능력은 곧 문해력, 그중에서도 '맥락 이해력'과 '전략적 커뮤니케이션' 역량과 직결된다. 단어 그대로를 받아들이는 것이 아니라, 그 말이 실제로 어떤 태도와 행동을 뜻하는지를 파악하는 힘이 필요하다. 예를 들어, '끊임없이 도전하는 인재'라는 표현은 단순히 열정적인 사람을 말하는 것이 아니라, 실패를 두려워하지 않고 불확실한 상황에서 적극적으로 해법을 찾는 자세를 의미할 수 있다. 따라서 자기소개서를 작성할 때는 단순히 기업이 제시한 인재상 키워드를 그대로 사용하는 것이 아니라, 그 안에 담긴 가치와 의미를 이해하고 나의 경험 속에서 그것을 보여 줄 수 있는 사례를 찾아 구체적으로 풀어내야 한다. 조직이 중요하게 여기는 행동 방식과 소통 스타일이 나의 어떤 경험과 연결되는지를 고민하고, 그것을 독자 친화적인 언어로 서술하는 것이 중요하다. 예를 들어, 공고에 '고객의 입장에서 사고하는 유연한 인재'를 원한다고 적혀 있다면, 자기소개서에서는 단순히 '고객 지향적'이라고 쓰는 것이 아니라, 고객 피드백을 수용하고 실제로 어떤 문제를 해결했는지, 그 과정에서 어떤 감정과 판단이 오갔는지를 이야기로 보여 주는 것이 필요하다.

이러한 방식은 인재상을 외우는 것이 아니라, 그 인재상에 맞는 사람처럼 '보이게' 만드는 전략적 글쓰기이다. 결국 문해력이란, 정답을 맞히는 능력이 아니라 질문을 바꾸고 맥락을 읽는 능력이다. 자기소개서에서도 마찬가지로, 회사의 언어를 나의 언어로 재해석하고, 그들이 원하는 사람의 모습을 내 글에 자연스럽게 녹여 낼 수 있어야 한다. 기업의 인재상은 정답지가 아니라, 조직의 세계관이 담긴 텍스트다. 그 텍스트를 얼마나 잘 해석하느냐에 따라, 당신의 자기소개서가 '기성 문구'로 읽히느냐, '잘 읽히는 사람'으로 보이느냐가 결정된다.

8.3. 정보 분석 기반 맞춤형 준비 전략

"읽고 해석한 정보를 자기소개서 전략에 반영하는 문해력 실천"

채용 공고와 직무기술서, 그리고 기업의 인재상과 조직 문화를 꼼꼼히 읽어 냈다면, 이제는 그 정보를 바탕으로 자기소개서를 어떻게 구성할 것인지를 전략적으로 설계할 차례다. 많은 청년들이 정보를 읽고도 자기소개서 작성에서 막히는 이유는, 그 정보가 '자신의 글쓰기 전략'으로 연결되지 않기 때문이다. 읽는 것과 쓰는 것 사이에는 간극이 존재한다. 문해력은 이 간극을 메우는 다리다. 정보를 해석하고, 그 해석을 나의 경험과 연결하고, 그 연결을 효과적인 글 구조로 전환하는 능력이 바로 정보 분석 기반 문해력이다.

먼저, 채용 공고와 기업 홈페이지에서 수집한 키워드(예: 문제 해결, 고객 중심, 소통 등)를 정리해 리스트화해 보자. 그리고 그 키워드가 내 경험 중 어떤 사례와 연결될 수 있는지 간단히 요약한다. 이 작업은 단순한 분류가 아니라, 자기소개서의 핵심 문단을 설계하는 데 필요한 뼈대를 만드는 과정이다. 이후에는 각 키워드를 중심으로 어떤 경험을 서두에 배치할지, 어떤 구조(STAR, 문제-해결-교훈 등)로 쓸지를 정한다. 예를 들어 '문제 해결력'을 강조해야 하는 직무라면 문제 상황 중심의 글 흐름이 적합하며, '조직 적응력'을 요구하는 기업이라면 협업 경험이나 감정 조율 경험이 핵심이 될 수 있다. 자기소개서를 작성하기 전에 이러한 전략표를 만들어두면, 막연한 글쓰기가 아닌 목표 기반 글쓰기가 가능해진다. 또한 전체 글 흐름이 하나의 메시지를 향해 흘러가게 되어 설득력과 집중도가 높아진다.

정보를 읽고 해석하는 것은 문해력의 시작이다. 그러나 그 정보를 바탕으로 어떤 구조로, 어떤 톤으로, 어떤 방향으로 글을 써야 할지를 설계할 수 있어야 문해력의 완성이라 할 수 있다. 이 절에서는 이러한 문해력 기반 전략 설계를 위한 3단계 훈련을 구체적으로 안내하고자 한다.

1) 문해력 기반 자기소개서 준비 3단계 전략
- 1단계: 핵심 키워드 리스트화

공고에서 수집한 '직무 요건', '핵심 역량', '조직 가치' 등 중요 단어와 표현을 표로 정리해 보자. 이 표는 자기소개서의 글감 정리 시트이자, 목표 정렬표로 활용 가능하다.

* 예시:

채용 공고 표현	해석된 의미	나의 관련 경험 키워드
고객 중심 사고	민감한 반응력, 피드백 수용 태도	A/S 개선 제안, 사용자 의견 반영
문제 해결 능력	실행력, 논리력, 책임감	기획안 반려 → 데이터 기반 수정
수평적 소통	협업, 갈등 중재	조별 과제 리더, 회의 중재

- 2단계: 글쓰기 전략 설정
- 정리된 키워드를 중심으로, 어떤 경험을 강조할 것인가?
- 어떤 구조(STAR, 문해력형, 문제-해결 등)를 선택할 것인가?
- 어떤 문단 순서로 구성할 것인가?

예를 들어,

'문제 해결력'이 중요한 직무라면 문제 중심 → 해결 → 교훈 구조로,

'조직 적응력'이 강조된 공고라면 '관계 중심 서사(공감/조율 경험)'를 중심으로 구성한다.

- 3단계: 경험 매칭 + 문장 초안 설계

각 키워드별로 자신의 경험을 '짧게 요약'한 후, 그중 가장 핵심이 될 사례 1~2가지를 골라 문단화할 수 있도록 초안 구성도를 만들어 보자.

* 예시:
- 키워드: '책임감'
- 경험 요약: 프로젝트 마감 지연 상황 → 책임지고 추가 일정 조율
- 도입 문장: "기획안 마감 시한이 다가왔지만 자료 정리가 미흡했습니다."
- 전개: "팀원들과 재정비 회의를 열고, 일정을 나누어 책임 분담을 재조정했습니다."
- 결과/교훈: "이후 업무 만족도가 개선되었고, 책임감과 일정 관리

능력의 중요성을 체감했습니다."

2) 문해력 핵심: 정보를 나의 글 전략으로 변환하기

[정보 분석에서 문해력이 개입하는 지점]

문해력 요소	준비 전략과의 연결	실제 적용 방식
핵심 정보 파악력	직무 요건, 역량 키워드 선별	글감 매칭
맥락 이해력	기업 문화와 글쓰기 톤 조율	기업 가치에 맞는 말투·사례 선택
논리 구조화력	글 흐름, 문단 순서, 서사 구조 설계	경험의 흐름을 설계하는 힘
전략적 커뮤니케이션	기업 중심 관점으로 경험 재구성	회사가 공감할 방식

···▶ 전략 설계 툴 점검표- 내가 글을 쓰기 전 스스로 묻는 질문
- 나는 이 직무의 핵심 키워드를 최소 3개 이상 추출했는가?
- 그 키워드와 연결되는 나만의 경험을 구체적으로 정리했는가?
- 글의 구조를(예: 문제→해결, START, 감정 흐름형 등) 명확히 선택했는가?
- 내가 쓰려는 문장이 '내 이야기'이면서도 '회사 중심'으로 읽히게 구성되었는가?

문해력은 자기소개서를 '잘 쓰는' 힘이 아니라, 무엇을 쓸지 고르고, 어떻게 구성할지를 판단하는 힘이다. 즉, 읽은 정보를 단순히 해석하는 데서 끝나는 것이 아니라, 내가 어떤 경험을 먼저 꺼내 놓을지, 어떤

구조로 펼쳐 갈지 결정할 수 있게 하는 실천적 능력이다. 즉, 문해력은 정보를 '읽는 힘'이지만, 전략은 그 정보를 '쓰는 방향'으로 바꾸는 힘이다. 이제부터는 '읽은 것'을 바탕으로 '무엇을 강조할 것인가'를 설계하는 전략가의 시선이 필요하다.

9장
면접에서 빛나는 소통 능력

9.1. 질문의 핵심 의도 파악 기술

"묻는 말을 듣는 것이 아니라, 말속 의도를 읽는 힘"

면접장에서 흔히 듣는 질문들이 있다. '자기소개 해 보세요.', '가장 힘들었던 경험은?', '우리 회사에 왜 지원했나요?'와 같은 질문들이다. 이 질문들은 표면적으로는 단순한 질문처럼 보이지만, 사실 그 안에는 면접관이 평가하고자 하는 의도와 목적이 명확하게 담겨 있다. 문제는 많은 지원자들이 질문 자체에만 집중한 나머지, 그 질문을 통해 면접관이 무엇을 알고 싶어 하는지를 파악하지 못한다는 점이다. 질문의 진짜 목적을 읽어 내지 못하면, 답변은 엇나가기 쉽고, 핵심을 빗겨 가게 된다. 따라서 면접에서 요구되는 가장 중요한 문해력은 '질문을 정확히 듣는 것'이 아니라, '그 질문의 핵심 의도를 파악하는 능력'이다.

　면접 질문은 단순한 정보 요청이 아니다. 질문의 유형을 잘 살펴보면, 정보형, 상황형, 가치형, 압박형 등으로 나눌 수 있다. 정보형은 전공이나 자격 같은 배경을 묻는 것이고, 상황형은 문제 해결 경험이나 갈등 조정 경험을 통해 행동을 본다. 가치형은 일에 대한 태도나 신념을 확인하고, 압박형은 스트레스 상황에서의 반응을 관찰한다. 예를 들어 '가장 힘들었던 경험이 무엇인가요?'라는 질문은 단순히 어려운 일을 묻는 것이 아니다. 그 상황에서 지원자가 어떤 감정 조절을 했고, 어떤 회복탄력성을 보였는지를 보려는 것이다. 또 '우리 회사에 대해 아는 것이 있나요?'라는 질문은 기업 정보를 암기했는지를 보는 것이 아니라, 얼마나 관심을 갖고 주도적으로 조사를 했으며, 그 정보를 나의 언어로 해석할 수 있는지를 보는 질문이다.

　문해력이 높은 지원자는 질문을 들었을 때 먼저 그 질문의 '속뜻'을 생각한다. 그 질문이 '왜 나왔는지', '이 질문을 통해 나의 어떤 점을 평가하고자 하는지'를 읽어 낸다. 그런 다음 그 의도에 맞게 답변을 구성한다. 단순히 사실을 나열하는 것이 아니라, 상대방의 관점에서 그들이 알고 싶어 하는 내용을 중심으로 나의 이야기를 풀어내는 것이다.

　면접 대비에서 추천하는 연습 방법은 예상 질문을 보면서 다음과 같이 되묻는 것이다. '이 질문은 어떤 역량을 보려는 걸까?', '이 질문을 나만의 언어로 바꾸면 어떻게 될까?', '이 질문에 내가 줄 수 있는 가장 나다운 해석은 무엇일까?' 이런 질문은 면접 질문을 '읽는' 것이 아니라, '해석'하는 연습이 되며, 결국 자신만의 답변을 준비하는 데 결정적인 힘이 된다. 결국 면접은 말로 하는 시험이 아니라, 해석력으로 평가받는 대화다. 문해력이 있는 사람은 말을 잘하는 사람이 아니라, 질문의 숨은 맥락과 목적을 읽어 내고 자신 있게 대응할 수 있는 사람이다.

1) 질문에는 목적이 있다

모든 면접 질문은 단지 정보가 아니라 '지원자의 태도, 판단, 가치'를 측정하는 도구다. 표면을 듣는 게 아니라, 의도를 읽어야 정확한 답변이 가능하다. 이때 필요한 것이 바로 문해력이다.

질문	표면적 의미	숨은 의도(핵심 파악력 요구)
"자기소개 해 주세요"	본인 소개	말의 구조, 핵심 정리 능력, 첫인상
"힘들었던 경험은?"	위기 상황 공유	회복탄력성, 감정 조절, 책임감
"지원 동기는?"	왜 우리 회사?	사전 조사력, 동기 진정성, 조직 적합도
"단점이 뭐예요?"	나의 약점	자기 인식 능력, 개선 노력, 솔직함
"질문 있으세요?"	궁금한 점	주도성, 시야, 관심의 깊이

2) 문해력을 활용한 '질문 의도 해석' 3단계

- 1단계: 질문을 정보형/상황형/가치형/압박형으로 분류하라

- 정보형: 기본 배경(ex. "전공은 무엇인가요?")
- 상황형: 행동, 경험 중심(ex. "문제를 어떻게 해결했나요?")
- 가치형: 태도, 철학(ex. "당신에게 일의 의미는?")
- 압박형: 반응 보기(ex. "다른 회사는 왜 떨어졌을까요?")

• 2단계: 이 질문으로 무엇을 보려 하는가를 자문하라
- 내 감정? 판단력? 주도성? 분석력?

• 3단계: 답변은 의도에 대응하도록 설계하라.
- 단순 정보 제공이 아니라, 상대가 듣고 싶어 하는 관점 중심으로 말할 것

3) 문해력 기반 질문 대응 예시
• 질문: "우리 회사에 대해 아는 것을 말해 보세요."

- 정보 나열형 답변: "물류업을 하고 있고, 본사는 부산에 있고요…"
- 의도 파악형 답변: "직접 물류 센터 인터뷰 영상을 보면서, 이 회사는 고객 중심 물류 자동화에 특히 힘쓰는 것을 느꼈습니다. 제가 IT 기반 최적화에 관심이 많은 이유도 그 흐름과 잘 맞다고 생각했습니다."
→ 문해력 있는 답변은 정보보다 해석과 연결 중심이다.

◆ 연습 팁: 예상 질문을 '재해석'하는 루틴 만들기

"왜 이 질문을 할까?"

"이 질문을 다른 말로 바꾸면?"

"이 질문에 내가 줄 수 있는 가장 나다운 해석은?"

이러한 메타 청취 루틴이, 실제 면접에서 질문에 끌려가는 게 아니라, 대화 흐름을 주도하는 힘을 준다. 면접 질문은 정보를 묻는 게 아니라, 의도를 숨긴 평가 대화다. 문해력이 있는 사람은 말의 표면보다 맥락과 목적을 읽는다. 좋은 답변은 좋은 말보다, 좋은 해석에서 시작된다.

9.2. 구조화된 답변을 위한 문해력 프레임워크

"말의 힘은 논리에서 나온다. 생각을 구조화할 수 있어야 설득할 수 있다."

면접에서 '말을 잘하지 못한다'고 느끼는 많은 지원자들이 있다. 하지만 그 말에는 종종 발음이나 속도, 어휘력의 문제가 아니라, 말의 흐름이 없고 요점이 잘 드러나지 않는다는 피드백이 포함되어 있다. 결국 문제는 전달력보다 구성력, 다시 말해 '문해력'에서 비롯된다. 문해력이 높은 사람은 면접에서도 생각을 정리하는 능력이 뛰어나다. 핵심을 먼저 파악하고, 이야기를 일정한 흐름으로 풀어 가며, 듣는 사람이 이해하기 쉬운 방식으로 전달한다. 면접은 시간 제한이 있는 대화이다. 말을 길게 늘어놓기보다는 핵심을 중심으로 흐름 있게 이야기하는 능력이 필요하다. 이때 도움이 되는 것이 '문해력 기반 말하기 프레임워크'이다.

대표적인 구조화 말하기 프레임으로는 PREP, PSR, 문해력형 서사(L-CODE 기반) 등이 있다. 이들은 모두 정보를 정리하고 의미를 전달하는 데 효과적인 틀로, 각기 다른 질문 상황에 따라 선택적으로 활용할 수 있다. PREP 구조는 요점(Point)을 먼저 말하고, 그 이유(Reason), 구체적인 예시(Example)를 들고, 다시 핵심을 정리(Point)하는 방식이다. 주로 '자기소개', '가장 강점인 역량' 등 간결한 정보 전달이 필요한 질문에서 유용하다. PSR 구조는 Problem-Solution-Result, 즉 문제 → 해결 → 결과 흐름을 따른다. 이는 상황형 질문이나 과제 해결 경험 등에서 '어떻게 문제를 인식하고, 어떤 방식으로 해결했는지'를 보여 주기에 적절하다.

마지막으로 문해력형 서사 구조는 L-CODE 모델의 흐름을 따르며, 단순 정보뿐 아니라 감정의 변화, 판단의 전환, 의미의 해석을 포함한다. 조직 적합성, 가치 중심의 질문에 강하며, 지원자의 사고 깊이와 정서적 통합력을 함께 보여 줄 수 있다. 이러한 구조들을 활용할 때는 단순히 형식을 외우는 것이 아니라, '말의 리듬과 방향'을 설계하는 감각을 기르는 것이 중요하다. 핵심 메시지를 먼저 정리하고, 필요한 이유와 사례를 선택하여 문장 구조를 구성해 보는 연습이 효과적이다.

구조화된 말하기는 청중의 입장에서 정보를 조리 있게 받아들이게 해 주는 힘이다. 특히 짧은 시간 내에 지원자의 역량과 태도를 보여 줘야 하는 면접에서, 말의 흐름과 논리가 갖춰져 있다는 인상은 평가에 매우 중요한 영향을 준다. 문해력이 말에서 빛나는 순간은 단순히 많이 아는 순간이 아니라, '어떤 질문이 와도 중심을 잃지 않고 흐름을 만들어 내는 말하기'가 가능할 때다.

[구조화 말하기 3대 프레임 비교]

구조	특징	장점	유의점	적합한 질문 유형
PREP	요점 → 이유 → 사례 → 재정리	간결하고 빠른 전달에 효과적	반복되면 기계적 인상 줄 수 있음	"가장 강점은?", "자기소개", "지원 동기"
PSR	문제 → 해결 → 결과	문제 해결력, 논리적 판단 강조	결과 중심으로 흐름이 지나치게 단순화될 수 있음	"문제 해결한 경험은?", "갈등 상황 대처는?"
L-CODE 서사	맥락 → 전환 행동 → 결과 → 통찰 메시지	감정·맥락·성찰까지 드러나 깊이 있는 답변 가능	말의 흐름을 연습하지 않으면 산만할 수 있음	"협업 시 어려움은?", "가치관을 보여 준 경험은?", "성장한 계기는?"

◆ 상황별 추천 전략

• PREP은 직관적이고 시간 압박이 있을 때 빛을 발한다.
→ 짧은 자기 PR, 강점 요약에 효과적
• PSR은 실무형 직무나 논리적 판단이 중요한 질문에서 적합하다.
→ 특히 '어떤 행동을 했는가'를 선명하게 보여 주기 좋음.
• L-CODE 서사 구조는 인성 면접, 조직 문화 적합성 평가, 심층 면접 등에서 진가를 발휘한다.
→ 감정 흐름, 사람 간 관계, 가치 판단을 함께 보여 줄 수 있기 때문에 면접관에게 '이 지원자는 팀에 잘 스며들겠다'는 신뢰감을 주는 강점이 있음.

⋯▸ 대표적인 문해력형 답변 구조(3종)

① PREP 구조(Point - Reason - Example - Point)
- 요점을 먼저 말한 후 이유와 사례를 덧붙이고 다시 정리하는 방식
- 직관적이고, 시간 제한이 있을 때 유용

* 질문: 본인의 가장 큰 강점은 무엇인가요?
* 답변 1:
- 제가 가장 강점이라고 생각하는 역량은 책임감입니다. (Point)
- 왜냐하면 팀 프로젝트 중 일정을 스스로 조정해 마감 문제를 해결

했던 경험이 있기 때문입니다. (Reason)
- 그 과정에서 전체 결과물의 완성도를 높일 수 있었고, (Example)
- 책임감이 없었다면 어려웠을 것입니다. (Point)

* 답변 2:
- 저는 책임감이 강한 사람입니다. (Point)
- 어떤 일이든 맡으면 끝까지 해내야 한다는 신념을 갖고 있습니다. (Reason)
- 예를 들어, 팀 프로젝트 당시 자료 정리가 늦어 마감이 위태로운 상황에서 저는 스스로 남아서 야간 작업을 했고, 덕분에 전체 일정을 맞출 수 있었습니다. (Example)
- 이처럼 저는 맡은 일을 끝까지 책임지는 태도를 중요하게 여깁니다. (Point)

② PSR 구조(Problem - Solution - Result)
- 상황형 질문이나 경험 중심 질문에 적합
- 문제 해결형 직무, 위기 대응 질문에서 활용 가능

* 질문: 문제를 해결한 경험이 있다면 말씀해 주세요.
* 답변 1:
- 프로젝트 초기, 자료 수집이 느려 일정이 지연되는 문제가 있었습

니다. (Problem)
- 이에 따라 역할 분담을 조정하고 데이터 수집 템플릿을 만들어 속도를 높였습니다. (Solution)
- 결과적으로 마감 2일 전에 결과물을 제출할 수 있었고, 팀워크도 개선되었습니다. (Result)

* 답변 2:
- 졸업 전시 준비 중, 디자인 팀 간의 컨셉 충돌로 작업이 중단된 적이 있었습니다. (Problem)
- 저는 전체 회의를 소집해 양측의 컨셉을 비교하고, 주제 통일이 가능한 요소를 정리해 중재안을 제안했습니다. (Solution)
- 결과적으로 양 팀의 의견을 반영한 메인 컨셉을 정리할 수 있었고, 전시의 일관성과 완성도가 높아졌습니다. (Result)

③ L-CODE 기반 문해력형 서사(맥락 - 전환 - 결과 - 메시지)
- 구조적 + 감정 흐름 + 관계 이해를 포함하는 고급 응용형
- 조직 적합성, 가치 중심 질문에 적합

* 질문: 협업 과정에서 어려움을 겪은 사례를 말씀해 주세요.
* 답변 1:
- 처음엔 팀 의견 충돌이 많았지만, (맥락)

- 감정을 직접 표현하기보다 상대방 말을 기록하며 공감하려 했고, (전환)
- 그 이후 회의 분위기와 결정 속도가 눈에 띄게 좋아졌습니다. (결과)
- 이 경험을 통해 저는 조직 안에서 '속도보다 감정 설계'가 중요하다는 걸 체감했습니다. (메시지)

* 답변 2:
- 처음 프로젝트 팀에 배정되었을 때, 팀원 간 커뮤니케이션이 원활하지 않아 갈등이 잦았습니다. (맥락)
- 저는 먼저 팀원 개개인의 입장을 기록하고 요약해 공유하는 방식을 시도했습니다. (전환)
- 그 이후 회의에서 감정적 충돌이 줄고, 의견 교환이 훨씬 원활해졌습니다. (결과)
- 이 경험을 통해 저는 협업에서 '정리하고 전달하는 능력'이 단순한 정보 전달 이상으로 중요하다는 것을 배웠습니다. (메시지)

◆ 실전 적용 팁

- 면접 예상 질문을 미리 구조화 틀(PREP, PSR, L-CODE)에 맞게 연습해 본다.
- 구조를 외우기보다, '말의 리듬과 방향'을 설계하는 훈련을 하는 것이 효과적이다.

- 말하기 전, 핵심 메시지를 먼저 정한 뒤 → 이유와 사례 → 마무리 정리 순으로 연습해 보자.

9.3. 논리적인 말하기 순서 연습

"말은 흐름이다. 순서를 정리할 줄 알아야 말의 힘이 생긴다."

면접에서 말이 막히는 가장 흔한 이유는 준비 부족보다는 '말의 순서'가 정리되지 않았기 때문이다. 머릿속에 하고 싶은 말은 가득하지만, 어디서부터 어떻게 시작해야 할지 몰라 말이 엉키고 자신감도 떨어지게 된다. 이는 단순히 언어 능력의 문제가 아니라, 생각을 구조화하는 문해력의 문제로 볼 수 있다. 문해력이 높은 사람은 말의 주제를 먼저 밝히고, 이유나 사례를 순차적으로 전개하며, 마지막에는 핵심 메시지를 정리하는 흐름을 자연스럽게 구사한다. 즉, 말의 '논리 구조'를 갖추는 능력이 곧 설득력 있는 말하기의 핵심이라는 것이다.

말의 순서를 정리하는 대표적인 훈련 방법 중 하나는 구조화된 프레임을 익히는 것이다. 예를 들어, 문제를 해결했던 경험을 말할 때는 상황 요약 → 행동 설명 → 결과와 교훈 → 직무 연관성 순으로 말하는 방식이 효과적이다. 이러한 구조는 면접 질문의 유형에 따라 유연하게 조정할 수 있으며, 핵심은 말을 듣는 사람이 흐름을 따라가기 쉽게 해주는 것이다.

논리적인 말하기를 위한 또 다른 훈련은 문장 사이의 연결어를 활용하는 것이다. 예를 들어, "제가 겪은 대표적인 사례는요…"로 시작한 후, "그때 저는 먼저…", "결과적으로…", "이 경험은 제가 지원한 직무와도 관련이 있습니다."와 같은 연결어를 사용하면 말의 논리성이 크게 향상된다. 이는 단순한 화술 기법이 아니라, 말의 맥락과 흐름을 정리하는 문해력의 확장이라고 볼 수 있다. 실전에서는 외운 순서대로 말하기가 어렵기 때문에, 같은 내용을 여러 구조로 바꿔 말하는 연습도 필요하다. 예를 들어, 원인→행동→결과 순서로 말한 후, 결과→원인→교훈 구조로도 말해 보는 것이다. 이러한 유연한 말하기 훈련은 면접 중 꼬리 질문이나 예상치 못한 질문에도 흔들리지 않고 답할 수 있는 힘이 된다. 결국 말하기의 논리적 순서는 단순히 예쁘게 말하는 기술이 아니라, 생각을 정리하고 전달하는 사고 구조의 표현이다. 문해력을 바탕으로 한 말하기 순서 훈련은 단순한 연습을 넘어서, 자기 생각을 전략적으로 전달하는 중요한 도구가 될 수 있다.

◆ 연습 1: 논리 순서 포맷 외우기보다 '느끼기'
좋은 말하기는 패턴화된 순서를 몸으로 익히는 데서 시작한다. 아래와 같이 '말하기 순서 = 질문의 논리'로 이해하면 답변이 매끄러워진다.

✔ 경험형 질문에 대한 순서 훈련

* 면접 질문: "어떤 문제를 해결했던 경험이 있나요?"

* 답변:

① 상황 요약(무슨 일이 있었는가?)

② 내가 했던 행동(왜 그렇게 했는가?)

③ 결과와 배운 점(무엇을 얻었는가?)

④ 지금 직무에 어떻게 연결되는가?

• 예시 답변(문해력 기반 구조화 순서)

① 상황 요약(무슨 일이 있었는가?)

대학교에서 홍보대사 활동을 하던 중, 중요한 행사 홍보 콘텐츠 마감일이 3일밖에 남지 않았는데 담당 디자이너가 갑작스럽게 팀에서 빠지게 되면서 콘텐츠 제작이 중단되는 위기가 있었습니다.

② 내가 했던 행동(왜 그렇게 했는가?)

저는 먼저 전체 일정을 다시 검토하고, 남은 인원 중 포토샵 기본 활용이 가능한 친구들과 소규모 작업팀을 급히 꾸렸습니다. 기존에 작성했던 아이디어 스케치를 바탕으로 포맷을 간소화하고, 소셜미디어에 바로 업로드 가능한 카드 뉴스 형식으로 콘셉트를 변경했습니다. 빠르게 피드백을 받을 수 있도록 2시간마다 팀장에게 초안을 공유하며 수정을 반복했습니다.

③ 결과와 배운 점(무엇을 얻었는가?)

그 결과, 마감 전날 밤까지 총 4편의 홍보물이 완성되었고, 게시된 게시물 중 2개가 해당 계정의 최다 좋아요 콘텐츠로 선정될 정도로 반응이 좋았습니다. 이 경험을 통해 저는 예기치 않은 상황 속에서도 빠르게 판단하고, 우선순위를 정해 실행할 수 있는 '실행 조정력'이 중요하다는 것을 배웠습니다.

④ 지금 직무에 어떻게 연결되는가?

지원한 콘텐츠 기획 직무 역시 여러 사람과 협업하며 빠르게 콘텐츠를 제작하는 과정이 많기 때문에, 단순한 디자인 기술뿐 아니라 일정 조율, 상황 판단, 구성 변경력이 중요한데, 이 경험은 제가 그러한 능력을 실제로 발휘했던 사례라고 생각합니다.

✔ 문제 해결형 면접 질문 - 직무별 답변 예시

[영업 직무]

Q. 문제 해결 경험을 말해 주세요.

① 상황 요약: 지역 행사와 겹치며 월말 판촉 목표 달성이 어려운 상황이 발생했습니다.

② 내가 한 행동: 고객 유입을 높이기 위해 SNS 실시간 이벤트와 방문 인증 사은품 캠페인을 기획했습니다.

③ 결과와 배운 점: 주말 방문객 수가 평소 대비 2배 이상 증가했고, 목표 매출을 초과 달성했습니다. 고객 행동 분석이 중요하다는 것을 배웠습니다.

④ 직무 연관성: 유연한 판촉 전략 수립과 현장 실행력이 영업 직무에서도 강점으로 작용할 수 있다고 생각합니다.

[개발 직무]

Q. 문제 해결 경험을 말해 주세요.

① 상황 요약: 프로젝트 기간 중 주요 기능의 API 연결 속도가 느려 사용자 불만이 제기되었습니다.

② 내가 한 행동: 직접 로깅 데이터를 수집해 병목 지점을 파악하고, 해당 모듈을 비동기 처리 방식으로 수정했습니다.

③ 결과와 배운 점: 페이지 응답 속도가 40% 개선되었고, 피드백 항목이 줄어들었습니다. 문제를 사용자 관점에서 다시 점검하는 습관이 생겼습니다.

④ 직무 연관성: 실무에서도 기술뿐 아니라 문제 해결 과정의 논리성과 협업 커뮤니케이션이 중요함을 보여 줄 수 있습니다.

[서비스/고객지원 직무]

Q. 문제 해결 경험을 말해 주세요.

① 상황 요약: 고객 응대 도중 예약 시스템 오류로 5건의 중복 예약이

발생했습니다.

② 내가 한 행동: 빠르게 담당자와 연락해 예약 상황을 파악하고, 우선순위 조정 후 고객별 대안을 정리해 안내했습니다.

③ 결과와 배운 점: 5명 중 4명의 고객이 일정 변경에 협조해 주었고, 불만 리뷰를 방지할 수 있었습니다. 침착한 대응과 말의 순서 정리가 중요하다는 걸 배웠습니다.

④ 직무 연관성: 고객과의 신뢰 형성을 위해 빠른 상황 파악과 정확한 전달이 핵심 역량임을 보여 준 경험입니다.

◆ **연습 2: 연결어와 흐름어 훈련**

말의 순서를 더 논리적으로 보이게 해 주는 것이 바로 '말의 연결어'이다. 이 흐름을 훈련하면 논리적이면서도 자연스러운 말하기가 된다.

- 도입 시: "제가 겪은 가장 대표적인 사례는요…"
- 전개 시: "그때 저는 먼저 상황을 정리했고, 다음으로는…"
- 결과 제시: "결과적으로, 이 경험을 통해 제가 얻은 것은…"
- 결론 정리: "이 경험은 지원 직무에서 요구하는 분석력과도 연결됩니다."

* 면접 질문:
"팀 프로젝트에서 갈등을 조율한 경험이 있다면 말씀해 주세요."

* 흐름어 없이 말한 답변(단절되고 딱딱한 느낌)

과대표를 맡았을 때 프로젝트 팀원 간 역할 분담 문제로 갈등이 있었습니다. 저는 중립적인 입장에서 회의를 진행했습니다. 팀원들의 의견을 종합해 공통 분모를 찾아 역할을 재조정했습니다. 결국 팀원들이 납득했고 프로젝트도 마감 기한 내에 제출할 수 있었습니다.

* 연결어 포함한 문해력형 답변 예시

과대표를 맡았을 때, 프로젝트 팀원 간 역할 분담 문제로 갈등이 생겼습니다. 그때 저는 중립적인 입장에서 회의를 열어 상황을 정리하고, 무엇보다 중요하게 생각한 건 팀원 각자의 우선순위와 불만 요인을 정확히 파악하는 것이었습니다. 그 결과, 팀원들의 공통된 요구를 중심으로 역할을 재조정할 수 있었고, 결국, 납득 가능한 합의가 이뤄졌고 프로젝트도 기한 내에 제출할 수 있었습니다.

[연결어/흐름어 예시 리스트]

위치	자주 쓰는 표현	기능
시작	"제가 겪은 경험은요…", "먼저 말씀드리면…"	도입 강조
전개	"그때 저는…", "무엇보다 중요했던 점은…", "한편…"	내용 흐름 조절
원인/이유	"그 이유는…", "당시 상황은 이랬습니다."	맥락 부여
결과	"결과적으로…", "그 덕분에…", "결국…"	인과관계 강조
정리	"이 경험을 통해…", "이후 제게 변화가 있었던 건…"	교훈, 연관성 정리

✔ 훈련 팁
- 한 문장을 말한 뒤, "그래서?", "왜?", "그다음엔?"을 스스로 물어보며 흐름을 확장하는 연습
- 친구 또는 면접 스터디에서 흐름어 없이 말한 후 → 흐름어 넣어 리프레이즈하는 방식으로 반복

◆ 연습 3: 문장 재배열 훈련

실전에서는 미리 외운 순서가 틀어지는 경우가 많다. 그래서 문장을 유연하게 재배열할 수 있는 능력이 중요하다. 이런 연습은 임기응변형 말하기에도 큰 도움이 된다. 상대의 관심도에 따라 말의 시작점을 조절할 수 있는 감각이 생기는 것은 물론, 면접 중 돌발 질문이나 꼬리 질문에도 중심을 잃지 않고 말할 수 있는 프레임 유연성을 확보할 수 있기 때문이다. 예를 들어 같은 내용을 두 가지 순서로 바꿔 보는 연습이다.

① 원인 → 행동 → 결과
② 결과 → 원인 → 통찰

* 면접 질문:
"팀워크가 중요한 상황에서 어려움을 겪은 경험이 있나요?"

✔ 원래 순서:
① 상황 → ② 행동 → ③ 결과 → ④ 통찰(전형적 PSR형)

졸업 작품 전시회를 준비하면서 팀원 간 작업 분담의 불균형으로 갈등이 생겼습니다. 저는 팀장과 논의해 일정과 역할을 다시 배분하고, 작업 결과를 매일 공유하도록 했습니다. 그 결과 서로의 작업량을 명확히 파악할 수 있었고, 갈등이 줄면서 전시회도 성공적으로 마무리되었습니다. 이 경험을 통해 협업의 핵심은 '가시화된 조율'이라는 교훈을 얻었습니다.

- 재배열 예시 1

③ 결과 → ① 상황 → ② 행동 → ④ 통찰(결과 중심형 → 관심 유도형)

전시회를 성공적으로 마무리했고, 팀 분위기도 마지막까지 좋았습니다. 사실 초기에는 작업 분담이 불균형해서 갈등이 컸습니다. 저는 일정을 재조정하고, 각자의 작업 상황을 시각화해 매일 공유하게 했습니다. 그 과정을 통해 '불만을 방지하는 협업'보다는 '조율을 설계하는 협업'의 중요성을 배웠습니다.

→ 인상: 결과부터 강조하며 청중 관심을 유도, 기승전결 대신 성과 중심 인입

- 재배열 예시 2

④ 통찰 → ② 행동 → ③ 결과 → ① 상황(교훈 중심 서사형)

협업에서 중요한 건 '선제적 조율'입니다. 그래서 저는 갈등 상황에서 단순한 회피보다는 일정을 분배하고 진행률을 시각화하는 방식으로 문제를 풀어 갔습니다. 그 결과 작업량에 대한 오해가 줄고, 갈등도 빠르게 완화되었습니다. 그때는 전시회 팀이었고, 팀원 간 갈등이 꽤 심했던 상황이었습니다.

→ 인상: 생각 중심으로 말문을 열며 자기 인식을 부각, 깊이 있는 태도형 질문에 적합

9.4. 면접 상황별 효과적인 답변 전략

"질문에는 맥락이 있고, 전략은 그 맥락을 읽는 데서 시작된다."

면접에서는 똑같은 질문이라도 질문자의 말투, 상황, 순서에 따라 질문의 '압력'은 면접자에게 전혀 다르게 느껴지는 것은 물론, 다르게 받아들여질 수 있다. 예를 들어 "자기소개를 해 주세요."라는 말이 긴장을 풀기 위한 가벼운 오프닝일 수도 있고, 짧은 시간 안에 핵심을 정리해 말하는 능력을 평가하려는 의도일 수도 있다. 또한 "문제 해결 경험이 있나요?"라는 질문도, 실제 실무 능력을 검증하기 위한 기술형 질문인지, 조직 내 갈등 해결력을 보는 인성형 질문인지에 따라 해석이 달라

진다. 이처럼 표현은 같아도 맥락이 다른 질문에 효과적으로 대응하기 위해서는, 각 상황에 맞는 문해력 기반 전략적 말하기 설계가 필요하다. 질문의 형식은 같지만 맥락은 달라지는 면접 상황에서, 지원자는 단순히 '말을 잘하는 것' 이상으로 질문의 의도를 파악하고 맥락에 맞는 전략적 말하기를 할 수 있어야 한다. 이를 위해서는 질문 유형을 분류하고, 각 유형에 맞는 답변 구조와 문해력 전략을 함께 설계할 필요가 있다.

면접에서 자주 등장하는 질문 유형은 크게 다섯 가지로 나눌 수 있다. 기본형, 상황형, 가치형, 꼬리 질문형, 압박형이다. 기본형 질문은 "자기소개", "장단점", "지원 동기"처럼 핵심 정보 중심 질문이다. 이때는 말의 서두에서 요점을 명확히 밝히고, 그 이유와 근거를 덧붙인 후, 직무와의 연결로 마무리하는 PREP 구조가 효과적이다. 핵심은 청자가 가장 먼저 듣고 싶어 하는 '중심 메시지'를 정확히 제시하는 것이다. 상황형 질문은 "갈등 해결 경험", "실패 경험", "문제를 어떻게 풀었나?"와 같이 과거의 실제 행동을 통해 역량을 드러내게 하는 질문이다. 이때는 상황 → 행동 → 결과로 흐르는 PSR 구조가 유용하며, 문장의 흐름 속에서 판단의 맥락과 감정의 변화까지 함께 보여 주는 문해력형 서사를 활용하면 더 깊은 인상을 남길 수 있다. 가치형 질문은 "일이란 당신에게 어떤 의미인가요?", "어떤 조직에서 일하고 싶나요?"와 같이 지원자의 내면적 동기와 가치관을 묻는 질문이다. 이때는 단순한 의견 나열이 아닌, 경험에서 시작해 통찰을 이끌어 내는 흐름이 중요하다. 문해력 중 '맥락 이해력'과 '전략적 커뮤니케이션' 능력을 발휘할 수 있는 좋은 기회다. 꼬리 질문형은 한 질문에 대한 답이 끝나기 무섭게 이어지는 "그건 왜요?", "당신이 꼭 필요했던 이유는요?" 같은 세부적 추가 질문이다. 여기서는 말의 구조보다 판단의 전환 지점과 행동의 동기를 구체적으로 풀어야 하며, '어떤 이유로 그렇게 판단했는지'를 정확히 정리할 수 있어야 한다. 문해력 중에서도 '맥락 연결력'과 '사고 흐름 조절력'이 핵심이다. 마지막으로 압박형 질문은 "그건 별로 특별한 경험 같지 않은데요?", "경쟁자가 더 나은 것 같네요."처럼 의도적으로 반응을 유도하는 질문이다. 여기서는 당황하지 않고 침착하게 자신의 논리를 재구성하는 능력이 필요하다. 상대의 표현을 방어적으로 받아들이기보다, 질문을 재해석하거나 재프레이밍하는 전략적 화법이 효과적이다.

[질문 유형별 답변 전략]

질문 유형	특징	전략 키워드	문해력 포인트
기본형	"자기소개", "장단점"	요점부터 → 근거 → 마무리	핵심 정보 파악력
상황형	"갈등 해결", "문제 해결"	상황 → 행동 → 결과	구조화력, 전환 흐름
가치형	"일의 의미는?", "조직이란?"	경험 → 통찰 → 연결	맥락 이해력
꼬리 질문형	"그건 왜 그렇게 했나요?"	전환 시점, 동기 강조	전략적 커뮤니케이션
압박형	"그건 별로 대단하지 않네요?"	침착함 + 진정성	감정 인식, 자기통제

◆ **예시로 보는 상황별 전략 적용**

① 꼬리 질문형

* 질문: "이 프로젝트에서 당신이 꼭 필요했던 이유는?"

　　　"프로젝트 성공했다고 했는데, 당신이 없었으면 안 됐을 이유는?"

* 답변: "그 시점에서 역할 조정을 제안한 사람은 저였고, 갈등 상황을 한눈에 정리해 그림으로 보여 줬던 것이 팀 내에서 전환점이 되었다는 평가를 받았습니다."

- 전략: 행동의 전환 지점 강조, 감정과 판단의 흐름을 보여 주는 L-CODE 기반 서사 활용
- 문해력 개입: "왜 그렇게 판단했는가?", "그 타이밍은 왜 중요했는가?"에 대한 맥락과 의미 부여

② 압박형 질문

* 질문: "그건 누구나 할 수 있는 일 아닌가요?"

　　　"이건 별로 특별한 경험 같지 않은데요?"

* 답변: "맞습니다. 결과만 보면 평범해 보일 수도 있지만, 당시 팀 내에서는 여러 의견 충돌과 일정 혼선이 있었고, 그 상황에서 정리를 제안하고 실행한 것이 제게는 큰 도전이었습니다."

이러한 답변은 단순한 말솜씨가 아니라, 상황의 본질을 정확히 이해하고 설득력 있게 전달할 수 있는 문해력의 힘에서 비롯된다.

- 전략: 침착하게 요점을 다시 구조화, 질문을 '재해석'하는 말하기
- 문해력 개입: 질문 의도의 재해석력 + 전략적 리포지셔닝

→ "맞습니다, 결과만 보면 평범하지만, 당시 저에게는 큰 전환점이었습니다."

③ 조직 문화 적합성 질문
* 질문: "우리 회사 분위기, 어떻게 생각하세요?"
* 답변: "입사 준비를 하면서 SNS나 브랜딩 영상, 그리고 직원 인터뷰 콘텐츠를 많이 찾아봤습니다. 그중에서도 '수평적인 소통'과 '자율적인 책임'이라는 말이 자주 등장했는데, 그게 정말 귀사 분위기를 잘 보여 주는 키워드라고 느꼈습니다.

저도 인턴십 때 비슷한 환경에서 일해 본 적이 있는데요, 아이디어를 자유롭게 제안할 수 있었던 만큼 결과에 대한 책임도 컸습니다. 그런데 제가 낸 아이디어가 실제 캠페인으로 실행됐을 땐 정말 보람이 있었습니다. 저는 위에서 일방적으로 지시받는 방식보다는, 함께 방향을 정하고 자율적으로 해내는 걸 더 선호합니다. 그런 면에서 귀사의 문화는 저와 잘 맞

는다고 생각했고, 그래서 더 지원하고 싶었습니다."

◆ 전략: 기업 조사 정보 + 내 경험의 연결점을 찾아 말하기

◆ 문해력 개입: 핵심 정보 파악력 + 전략적 커뮤니케이션

→ 내 이야기를 조직의 언어로 바꾸기

[실전 훈련 팁: 유형별 자기 경험 매칭표 만들기]

질문 유형	내가 꺼낼 수 있는 경험	어떤 구조로 말할 것인가?
상황형	학회 운영 갈등 조정 경험	PSR + 결과 강조형
가치형	봉사활동 중 깨달음	문해력형 서사(통찰 중심)
압박형	일정 미준수 경험	오류 인정 + 교훈 강조 구조
꼬리 질문형	마케팅 실패 후 피드백 회복	흐름 강조형 + 감정 설계형

✔ 전략적 답변 설계를 위한 자기 점검

면접 준비에서 가장 중요한 것은 '암기된 답변'이 아니라 내 경험을 어떻게 말할 것인가에 대한 설계력이다. 질문 유형별로 아래 항목을 점검해 보자.

- 이 질문은 어떤 유형에 속하는가?
- 내가 꺼낼 수 있는 경험은 무엇인가?

- 어떤 구조(순서, 강조점)로 말하면 가장 설득력 있을까?
- 상대가 듣고 싶어 하는 정보는 무엇이고, 나는 그것을 주고 있는가?

면접은 말의 예술이 아니라, 맥락을 읽고 구조화하는 문해력의 실전 무대이다. 질문이 어떠하든, 흐름이 어떻든 중심을 잡고 말할 수 있는 힘은, 읽는 힘과 말하는 힘이 통합된 '문해력 기반 소통 전략'에서 나온다.

4부

직장 생활을 위한 문해력: 일 잘하는 신입의 비밀

10장
비즈니스 문해력: 왜 일터에서 더 중요할까?

10.1. 비즈니스 상황에서의 문해력 정의와 4대 요소

"일을 못해서가 아니라, 이해를 못해서 문제였다."

"보고서 자료는 지난 분기 거 참고해서, 고객사 특성만 간단히 정리해 줘. 이번 주 중으로."

첫 출근 날, 김 사원이 팀장님에게서 받은 말이었다. 지시는 짧았지만, 질문은 길었다.
'고객사 특성은 어디서 확인하지?', '기존 보고서는 어디 저장되어 있지?', '간단히 정리하라는 건 몇 페이지 정도를 말하는 걸까?' 결국 작업물은 "맥락을 놓쳤다"는 피드백과 함께 돌아왔고, 그는 문득 깨달았다.

이건 일 처리 능력보다 문해력의 문제였다는 걸.

"일터에서의 성공은 '비즈니스 문해력'이 결정한다"

학교에서는 글을 읽고, 요지를 파악하고, 정답을 찾는 것이 문해력이었다. 하지만 직장에서는 그 이상의 문해력이 필요하다. 업무 지시, 보고서, 회의록, 고객 피드백, 이메일, 공문, 사내 메신저, 기획안, KPI… 이 모든 것이 문서와 언어로 이루어져 있다. 문제는 이 언어가 '명확히' 전달되지 않는다는 데 있다. 간결한 언어 뒤에 숨겨진 맥락과 의도, 보고서 한 줄에 담긴 우선순위와 책임 범위를 제대로 파악하지 못하면, 실수는 반복되고 신뢰는 떨어진다. 직장에서는 메시지가 간결해질수록 의미는 더 복잡해지고, 단어는 익숙하지만 의도는 더 모호해진다. 메일 한 줄, 회의 한 마디, 보고서 한 문장에서 업무의 방향과 기한, 책임의 무게가 함께 전달된다. 그렇기에 우리는 단순히 문장을 읽는 능력을 넘어, 이 말의 핵심이 무엇인지 읽어 내고, 이 표현이 왜 지금 나왔는지 맥락을 이해하며, 이 메시지를 어떻게 구조화하여 정리하고, 누구에게 어떻게 전달할지까지 생각해야 한다. 직장에서는 "일을 잘하는 사람"이 단순히 기술이 뛰어난 사람을 의미하지 않는다. 그보다는 지시를 정확히 이해하고, 문서를 잘 읽어 내고, 말의 흐름을 잘 정리하며, 적절하게 표현할 줄 아는 사람을 높게 평가한다. 이러한 사람들의 공통점은 결국 '문해력이 좋다'는 것이다.

여기서 말하는 문해력은 우리가 학교에서 배운 독해력이나 작문력의 개념을 훨씬 뛰어넘는다. 비즈니스 현장에서의 문해력은, 다음과 같은 질문에 답할 수 있는 능력을 포함한다.

- 이 메일의 '진짜' 요청 사항은 무엇일까?
- 상사의 말투가 달라졌는데, 어떤 맥락에서 나온 반응일까?
- 이 복잡한 정보를 어떻게 정리해서 보고해야 할까?
- 내 말이 상대에게 어떻게 들릴까? 어떤 방식으로 전달하는 게 더 효과적일까?

이 모든 역량을 우리는 '비즈니스 문해력'이라 부른다. 이 비즈니스 문해력은 다음의 네 가지 역량, 즉 L-CODE라는 구조로 설명할 수 있다. 이 네 가지는 따로 떨어진 능력이 아니다. 실제 업무에서는 이 모든 능력이 연결되어 작동한다. 보고서를 작성할 때, 상사의 말을 해석할 때, 협업 메시지를 보낼 때, 우리는 끊임없이 L-CODE를 활용하고 있다.

◆ **L-CODE로 파헤치는 비즈니스 문해력**
① 핵심 정보 파악력(Insight Extraction)
업무는 늘 정보의 홍수 속에서 시작된다. 메일, 회의록, 공지 사항, 자료 요청 등 하루에도 수십 개의 정보가 오간다. 이때 '무엇이 핵심인지', '지금 내가 해야 할 일은 무엇인지'를 빠르게 찾아내는 능력이 필요

하다. 많은 정보 속에서 중요한 내용을 빠르게 포착하고, 요점을 뽑아내는 능력이다. 메일에서는 요청 사항과 기한을 찾아내고, 회의에서는 결정 사항과 액션 아이템을 정확히 기억하며, 보고서에서는 중심 메시지를 놓치지 않는다.

[예시]
- "내일까지 자료 정리해 두세요."라는 말속에서
→ '무엇을', '언제까지', '어떤 형식으로' 해야 하는지를 재구성해 낼 수 있는 힘.
- "다음 주 월요일 회의 전에 검토 부탁드립니다."라는 메일에서
→ '언제까지?', '무엇을?', '어떤 관점에서?'를 파악하는 능력이다.

② 맥락 이해력(Contextual Awareness)

업무 지시는 늘 명확하지 않다. 말은 짧고 간결하지만, 그 안에 상황 맥락, 조직 분위기, 말하는 사람의 의도가 숨어 있다. '말 그대로 받아들이는 것'과 '그 말이 나온 이유를 이해하는 것'은 전혀 다른 차원이다. 말이나 글의 표면을 넘어서, '왜 이런 말을 했을까?' '이 상황에서 무슨 의미일까?'를 읽어 내는 능력이 바로 '맥락 이해력'이다. 단어 자체가 아니라, 발언의 맥락과 의도를 이해하는 힘이 여기에 있다. 맥락을 읽지 못하면 의도와 어긋난 결과를 내놓게 된다.

[예시]
- 상사가 "그건 그냥 다음 회의 때 정리해 보자."라고 했을 때
→ 그 말이 정말 미룬다는 뜻인지, 아니면 당장 해결해야 한다는 우회적인 표현인지를 읽어 낼 수 있는 능력.
- "이건 좀 다르게 접근해 보자."라는 말
→ 단순한 수정 요청일까? 아니면 방향 전환의 신호일까?

③ 논리 구조화력(Logical Structuring)

일터에서 '정리된 사고'는 강력한 무기다. 보고서, 발표, 회의 발언 모두 결국 머릿속의 생각이나 복잡한 정보를 목적에 맞게 정리하고, 일관된 흐름으로 구성하는 능력에 달려 있다. 정보가 아무리 많아도, 정리가 안 되어 있다면 설득력도 전달력도 없다. 일 잘하는 사람은 보고서나 말이 정리되어 있다는 공통점을 갖는다.

[예시]
- 기획안 작성 시 산발적인 아이디어를 구조화하여
→ [문제점 - 원인 - 해결 방안 - 기대 효과]의 흐름으로 정리하는 힘.

- 팀장에게 보고할 내용을 [현황 - 문제 - 원인 - 해결 방안] 순서로 정리해
→ 상대가 바로 이해할 수 있도록 말하는 능력이다.

④ 전략적 커뮤니케이션(Strategic Communication)

직장에서는 무엇을 말하느냐보다 어떻게 말하느냐가 더 중요한 경우가 많다. 같은 정보라도 누구에게, 어떤 방식으로 말하느냐에 따라, 말투, 순서, 수단이 달라지면 전달 효과는 달라진다. 전략적 커뮤니케이션이란, 상황과 상대에 맞춰 말을 설계하는 능력으로 언어의 톤, 방식, 채널을 전략적으로 선택하는 역량이다.

[예시]

상사에게는 요점 중심의 두괄식 보고, 동료에겐 친근한 말투의 메신저, 외부 고객에겐 격식 있는 이메일을 쓰는 감각.

[L-CODE 모델]

구성 요소	설명	예시
핵심 정보 파악력 (Insight Extraction)	문서나 대화 속에서 핵심 내용을 빠르게 찾아내는 능력	"~까지 부탁드립니다."라는 메일에서 기한 추출
맥락 이해력 (Contextual Awareness)	업무 상황의 흐름, 조직의 의도, 상사의 말투에 담긴 의미를 파악	"그냥 알아서 해 줘"의 숨은 의미
논리 구조화력 (Logical Structuring)	복잡한 내용을 체계적으로 정리하고 논리적으로 설명	기획안 작성, 회의 보고, 보고서 구성
전략적 커뮤니케이션 (Strategic Communication)	상황과 대상에 맞게 말하고 쓰는 전략적 표현 능력	팀장에게 보고할 때 vs 고객에게 이메일 보낼 때

왜 청년에게 L-CODE가 중요한가?

MZ세대 신입사원은 빠르게 배우고 디지털에 익숙하다. 하지만 '왜 이걸 하는지', '어떤 톤이 적절한지', '무엇부터 말해야 할지'를 놓쳐 "눈치는 없고 맥락을 놓친다"는 평가를 받기 쉽다. 문장이 어려워서가 아니다. '왜 이 말을 하는지', '무엇을 바라는지', '어디까지 책임져야 하는지'를 문서 너머로 읽어 내는 힘, 이는 결국 비즈니스 문해력의 격차에서 오는 문제다. 우리가 지금부터 이 책에서 배우게 될 것은, 단순한 말하기·쓰기 기술이 아니다. L-CODE로 일터에서의 문해력을 해석하고 실전에서 적용하는 방법이다.

다음 장부터는 각 역량을 하나씩 실제 사례와 함께 해부해 보려 한다. 메일 한 줄도, 회의 한마디도 다르게 들리게 될 것이다. 비즈니스 문해력, 이제 당신이 '일 잘하는 사람'으로 보이게 해 줄 가장 강력한 무기다.

10.2. '일 못하는 신입'의 특징

"제가 뭘 잘못했는지는 모르겠는데요… 죄송합니다… 다시 하겠습니다…"

회사에 막 들어온 신입사원이 자주 하는 말 중 하나다. 본인은 정말 열심히 했다. 메일도 꼼꼼히 확인했고, 보고서도 밤늦게까지 작성했다. 그런데 팀장의 반응은 한 마디다. "이것밖에 못해요?", "제대로 한 거 맞아요?" 이 상황, 신입사원 입장에선 억울할 수밖에 없다. '시킨 대로 했는데 뭐가 문제지?'라는 생각이 떠오른다. 하지만 정작 팀장이 묻고 싶은 건 이런 것이다. "내가 말한 뜻을 네가 제대로 이해한 게 맞니?"

바로 이 지점에서 문제의 본질이 드러난다. 업무 수행 능력의 차이보다 더 큰 차이를 만드는 건, 바로 문해력의 차이다.

10.3. 비즈니스 문해력 향상의 기대 효과

직장에서는 실무 능력만으로 인정받기는 어렵다. 그보다 더 중요한 것은, 일의 방향을 정확히 읽고, 맥락을 이해하며, 상대가 원하는 방식으로 소통할 수 있는 능력이다. 이 능력은 단순한 센스나 경험이 아니라, 훈련 가능한 문해력에서 비롯된다. 비즈니스 문해력이 향상되면, 업무 처리 방식과 결과가 달라진다. 작은 단위의 보고부터 팀 전체 프로젝트에 이르기까지, 문해력은 생산성, 소통, 책임감이라는 세 가지 핵심 키워드에서 분명한 변화를 만들어 낸다.

1) 더 빠르고 정확한 결과물, '생산성'의 변화

문해력이 높은 사람은 일을 시작하기 전에 먼저 질문한다. '이 요청의 핵심은 뭘까?', '어떤 순서로 처리하면 좋을까?', '누구에게 보여 줄 자료인가?' 이 질문에 답할 수 있으면, 그다음은 훨씬 단순해진다. 회의록을 정리하더라도, 시간순 기록이 아닌 '결정 사항, 담당자, 기한' 중심으로 정리할 수 있고, 보고서를 쓸 때도 단순 복붙이 아니라 핵심 메시지를 중심으로 재구성할 수 있다. 이런 사람은 수정하라는 피드백을 받을 일이 거의 없고, 동료보다 한발 앞서 결과를 제출한다. 시간은 같아도, 결과의 밀도는 다르다.

2) 오해 없는 대화, '소통력'의 변화

직장 내에서 벌어지는 많은 갈등은 사실 '말을 안 들어서'가 아니다. 오히려 '말을 다르게 이해해서' 발생한다. 팀장이 "이건 조금 다르게 정리해 보자"고 말했을 때, 어떤 사람은 글씨체나 슬라이드 배경을 바꾼다. 하지만 문해력이 높은 사람은 안다. '아, 방향 자체를 바꾸자는 뜻이구나.' 문해력이란 말의 표면이 아니라 그 안에 담긴 의도와 분위기, 상황을 읽는 능력이다.

그 능력이 있으면 불필요한 되물음이 줄고, 상대방은 '말 안 해도 알아듣는 사람'이라는 신뢰를 갖게 된다.

3) 자율적 일 처리, '책임감'의 변화

누군가는 업무 지시를 받은 뒤, 그 일이 어디서 시작해 어디까지 마무리되어야 하는지를 명확히 알지 못해 헤매곤 한다. 하지만 문해력이 높은 사람은, 말 속에 포함된 책임의 범위까지 읽는다. "이 자료 한번 정리해 줘요."라는 말만 듣고도, 누가 이 자료를 볼 것인지, 어디까지 요약해야 하는지, 어떤 메시지가 담겨야 하는지를 먼저 파악하고, 필요하면 중간에 공유하고, 만일을 대비해 요약본까지 따로 준비한다. 그 사람은 시키는 것만 하지 않는다. 문맥을 읽고, 흐름을 잡고, 결과를 예측하는 사람. 그런 사람이 팀에서 신뢰를 받는다.

문해력은 단지 정보를 잘 읽는 능력에서 끝나지 않는다. 일을 설계하는 능력이고, 관계를 이어 가는 힘이며, 자신을 책임지는 방식이다. '말하지 않아도 일을 알아서 구조화하는 사람'이 진짜 핵심 인재다. 비즈니스 문해력은 단지 직무 스킬이 아니라, 나를 일 잘하는 사람으로 '보이게' 하고, 실제로 그렇게 '만들어 주는' 가장 중요한 힘이다. 이제 우리는 다음 장부터, 문해력의 각 요소(L-CODE)가 실제 직장에서 어떻게 쓰이고, 어떻게 훈련될 수 있는지를 하나하나 살펴보게 될 것이다. 그리고 독자인 당신도, 이제 곧 "일이 통하는 사람"으로 성장할 준비를 시작하게 될 것이다.

10.4. 실무에서 키우는 비즈니스 문해력 루틴 소개

문해력은 책상 앞에 앉아 교과서를 펴고 익히는 능력이 아니다. 특히 직장에서 필요한 문해력은 실제 상황 속에서 훈련되며 자라난다. 보고서 한 장을 쓰더라도, 메일을 한 통 보낼 때도, 회의 중에 짧게 의견을 낼 때조차도 문해력은 항상 작동한다. 문제는, 대부분의 사람들은 그걸 '사용하고 있다'는 자각조차 하지 못한 채 하루를 흘려보낸다는 것이다. 하지만 조금만 다르게 접근해 보면, 일하면서도 문해력을 키울 수 있는 루틴은 분명히 존재한다.

  핵심 정보 파악력은 '요약하는 습관'에서 시작된다. 하루 동안 내가 받은 메일이나 메시지를 떠올려 보자. 그중 어떤 건 길었고, 어떤 건 짧았다. 그런데 정말 중요한 건 길이나 단어가 아니라, 그 안에 담긴 요구 사항, 기한, 우선순위를 읽어 내는 힘이다. 이 힘을 기르기 위한 좋은 루틴은 간단하다. 하루에 한 번, 내가 받은 요청 중 하나를 골라 '핵심 문장 3줄'로 요약해 보는 것. 이 과정을 반복하다 보면, 머릿속에서 "아, 이 말은 결국 이런 걸 원하는 거구나."라는 해석 능력이 생긴다. 그리고 그게 바로 핵심 정보 파악력의 시작이다.

  맥락 이해력은 '왜 이 말을 했을까?'라는 질문으로부터 자란다. 문해력이 부족한 사람은 늘 말의 표면만 본다. 하지만 문해력이 자란 사람은, 말 너머의 의도, 상황, 분위기를 읽는다.

  이 능력을 키우는 방법 역시 간단하다. 하루에 한 문장만 골라, '이 말을 왜 했을까?'를 1문장으로 정리해 보는 것. 예를 들어, "이건 좀 다르게 정리해 보자."라는 말을 단순한 수정 요청이 아니라, '전체 방향을 바꾸라는 요청일 수도 있다'고 해석하는 연습을 해 보는 것이다. 이처럼 단 한 문장이라도 '해석해 보는 훈련'이 반복되면, 나도 모르게 맥락을 이해하고 반응하는 감각이 생긴다.

논리 구조화력은 '내 생각을 구조로 묶는 연습'에서 시작된다. 보고서를 쓰거나 회의 중에 말을 할 때, 머릿속에는 할 말이 많은데, 막상 입을 열면 말이 정리가 안 되는 경우가 많다. 이럴 땐 생각이 없는 게 아니라, 생각이 정리되어 있지 않은 것이다. 이를 개선하는 훈련은 생각보다 쉽다. 내가 하려는 말이나 문장을, '문제-원인-해결'의 3단 구조로 정리해 보는 것. 처음엔 시간이 걸릴 수 있지만, 한 줄씩 정리하는 습관이 들면 회의에서, 보고서에서, 의견을 낼 때마다 말이 '구조화된 문장'으로 자연스럽게 나올 수 있다.

전략적 커뮤니케이션은 '말을 바꿔 써 보는 능력'에서 자란다. 같은 내용을 전달할 때도, 누구에게 말하느냐에 따라 표현 방식은 달라져야 한다. 예를 들어, 회의 시간을 변경하는 메일을 보낼 때 상사에게는 정중하게, 동료에게는 간단하게 쓰는 것이 전략적 커뮤니케이션이다. 이 능력을 키우기 위해서는 하루에 한 번, 같은 문장을 두 가지 방식으로 바꿔 보는 연습이 효과적이다. 하나는 정중하게, 하나는 간결하게. 이런 감각이 쌓이면 자연스럽게 상대 중심 표현과 상황 적응력이 생긴다.

문해력은 습관이다. 매일 반복되는 업무 속에서, 한 문장만 요약하고, 한 문장만 해석하고, 한 생각만 정리하고, 한 표현만 바꿔 보자. 그 반복이 결국 '읽고, 쓰고, 말하는 실력'을 진짜 실무 능력으로 바꿔 주는 루틴이 될 것이다. 문해력은 하루아침에 쌓이지 않는다. 하지만 매일 조금씩 훈련하면, '일 못하는 사람'에서 '일을 통찰하는 사람'으로 성장하는 데엔 오래 걸리지 않는다. 이제 당신은 알고 있다. 문해력은 머리로 아는 것이 아니라, 매일 써 보는 루틴에서 자란다는 것을. 다음 장부터는 그 루틴을 실전에서 어떻게 적용할 수 있을지 더 구체적으로 살펴보게 될 것이다.

1) 핵심 정보 파악력

업무 요청을 받았다면, 그 안에서 이 세 가지가 무엇이었는지를 스스로 요약해 보자.

- 해야 할 일
- 기한
- 대상

✔ 루틴: 오늘 받은 요청에서 '핵심 문장' 3개를 찾아 메모하기
• 메일 내용: "다음 주 고객 미팅 전에 제안서 검토 부탁드립니다. 앞부분은 마케팅팀 의견도 반영해 주세요."
→ 핵심 정보 요약:
① 제안서 검토 필요
② 마감: 다음 주 고객 미팅 전
③ 요청 포인트: 마케팅팀 의견 반영

하루 1회만 정리해도 정보 해석 능력 + 요약력이 동시에 향상된다.

2) 맥락 이해력

누군가의 말이나 메일을 들었을 때, 그 말의 목적을 나름대로 해석해 보는 훈련이다. 말의 표면이 아니라 그 '배경'과 '의도'를 추론하는 힘이 쌓인다.

- ✔ 루틴: '왜 이 말을 했을까?'를 1문장으로 적어 보기
- "고객은 이번에도 불편하셨던 것 같아요."
- → 이 말의 목적: 고객 상황에 공감하되, 조치가 필요하다는 신호일 수 있다.
- "자료는 그대로 쓰셔도 되긴 하는데…"
- → 이 말의 목적: 그대로 쓰면 안 될 수도 있다는 뉘앙스 포함

매일 1회, '한 문장 읽고 맥락 파악하기' 메모 추천

3) 논리 구조화력

회의에서 발언하거나 보고서를 쓸 때, ① 문제 - ② 원인 - ③ 제안 구조를 매번 연습해 보자. 처음엔 시간이 걸리지만, 반복되면 생각 정리 속도가 빨라지고 설득력도 높아진다.

✔ 루틴: 내 말이나 문서를 '3단 논리'로 정리하는 습관
① 문제: 고객 문의 응대 시간이 평균보다 느립니다.
② 원인: 문의 채널이 전화에 집중되어 병목이 생기고 있습니다.
③ 제안: 자주 묻는 질문을 챗봇으로 전환해 응대 분산이 필요합니다.

3단 논리 외에도 PREP, PSR, 두괄식 등 다양한 구조 틀도 함께 훈련 가능

4) 전략적 커뮤니케이션

이 루틴은 표현력을 키우는 훈련이다. 같은 내용이라도 상대에 따라, 상황에 따라 말하는 방식이 달라져야 한다. 상대에 따른 언어 톤 변화 감각을 길러 보자.

✔ 루틴: 같은 내용을 2가지 방식으로 표현해 보기
• 내용: "회의 시간 변경 요청"

① 상사에게:
→ "부장님, 일정 조정 건으로 회의 시간을 오전 11시로 변경 가능하신지 여쭤 봅니다."

② 동료에게:
→ "회의 11시로 바꾸면 괜찮을까? 너 일정 확인해 줘!"

하루 1회, '같은 말 다른 버전' 쓰기.

✔ 하루 10분 루틴으로 문해력 체질 바꾸기
- 하루 1문장 요약
- 하루 1회 맥락 추론
- 하루 1개 문장 구조화
- 하루 1세트 표현 바꿔 보기

11장
보고서 작성 능력 UP!: 명확하고 설득력 있게

11.1. 상사의 지시 및 요구 사항 정확히 파악하기

업무의 시작은 대부분 말 한마디 또는 메일 한 줄에서 출발한다.

"이거 한 번 정리해 줘요."
"회의 전에 보고서 초안 좀 준비해 줘."
"지난 자료 참고해서 업데이트 부탁할게요."

문제는, 많은 신입사원들이 이 지시를 들었음에도 무엇을, 어디까지, 어떻게 해야 하는지 제대로 파악하지 못한 채 작업에 착수한다는 것이다. 그 결과, 수정을 반복하게 되거나, 상사의 기대와 엇나간 결과물이 나오기 쉽다.

문해력 관점에서 보면, 이건 '듣는 능력'이 아니라 '해석하는 능력'의 문제다. 우리가 흔히 놓치는 건 지시 속에 숨은 업무의 목적, 범위, 핵심 메시지다. 상사의 한마디는 단순 실행 지시가 아니라, 목적과 방향성을 담은 메시지일 수 있다. 그걸 문자 그대로 받아들이면 "이거 정리해 줘요."를 '그냥 복사해서 붙이면 되겠지?'로 해석하게 되고, 결국 "이게 아니라니까…"라는 피드백을 받는다. SCQ 프레임을 적용하여 L-CODE 관점으로 해석해 보자. 이제, 듣고도 못 알아듣는 신입이 아니라 "지시의 목적까지 읽어 내는 사람"으로 변화할 수 있다. 그리고 그 출발점이 바로, 문해력이다.

◆ L-CODE 관점으로 해석하는 법: SCQ 프레임 도입

- S(Situation) - C(Complication) - Q(Question)
- S: 지금 상황은 어떤가요? (배경 정보)
- C: 그래서 어떤 문제가 있나요? (긴장 요소, 변화)
- Q: 그럼 내가 무엇을 해야 하나요? (핵심 과제)

[예시 1]

- 상사 지시: "다음 주 고객 미팅 전에 제안서 정리해 줘요. 앞부분은 마케팅팀 의견도 반영해서."
- 문해력 없는 해석: "음… 제안서 다시 복사 붙여넣기 해서 앞부분에 뭔가 붙이면 되겠지."

- SCQ로 해석하기:

요소	해석
S 상황	다음 주 고객 미팅이 예정되어 있다. (기존 제안서는 이미 공유됨)
C 복잡성	제안서에 마케팅팀 관점이 누락되어 있다.
Q 질문	고객의 관심을 끌 수 있도록 제안 앞부분을 마케팅 중심으로 재구성하자.

- 핵심 요청 요약: "기존 제안서의 흐름을 고객 설득용으로 바꾸고, 앞부분에 마케팅팀 의견을 반영하여 재편집하라."

◆ 실무 Tip: '지시 해석 루틴' 만들기

• 상사의 말이나 메일을 들었을 때, 다음의 3가지 질문을 습관적으로 떠올려 보자:
- 이 요청은 어떤 상황에서 나왔는가?
- 어떤 문제를 해결하기 위한 요청인가?
- 최종적으로 내가 전달해야 하는 메시지는 무엇인가?
→ 이렇게 해석하면, 보고서든 PPT든 '내가 왜 이걸 하는가'를 명확히 인지한 상태에서 시작할 수 있다.

◆ L-CODE 적용 요약

요소	적용 방식
핵심 정보 파악	지시 속 요점 3가지: 해야 할 일, 기한, 전달 방식
맥락 이해	말의 배경, 의도, 조직 내 맥락 파악
논리 구조화	제안서 목적에 맞게 메시지 재구성
전략적 커뮤니케이션	고객 또는 상사의 기대에 맞춘 구성 전환

11.2. 보고서 요약 및 정보 구조화 훈련

보고서를 잘 쓴다는 건, 단순히 정보를 많이 담는 것이 아니다. '읽는 사람'의 입장에서 정보를 재구성하고, 메시지의 흐름을 설계하는 일이 핵심이다. 특히 보고서에는 무엇이 중요한지를 파악하고, 그 중요함을 어떤 순서로 배치하느냐가 성패를 가른다. 신입사원들이 흔히 하는 말 중 하나는 '자료가 너무 많아서 어디서부터 어떻게 시작할지 모르겠다'는 것이다. 하지만 사실 중요한 건 자료의 양이 아니라 '구조의 부재'다. 보고서가 어려운 이유는 정보를 고르고 나열하는 일보다, 어떻게 구조화하느냐에 있다.

▶ **Step 1. 구조화의 시작은 '3요소'부터**

효과적인 보고서를 쓰기 위해서는 우선 다음의 3가지 구조화 프레임을 머릿속에 떠올려야 한다. 이 핵심 문장이 단락의 방향성과 구조를 결정짓는다.

- 제목: 이 보고서가 말하고자 하는 핵심 메시지를 단 하나의 문장으로 요약해야 한다. 독자가 제목만 봐도 문서의 주장이 떠오르도록 구성하는 것이 중요하다.
- 소제목: 전체 내용을 3~5개의 의미 단위로 분류한다. 단락이 길거나 두서없는 문서를 읽기 어렵게 만드는 가장 큰 원인이 바로 이 소제목 설계 실패에 있다.
- 핵심 문장: 각 소제목 안에는 해당 내용의 요지를 잡아 주는 대표 문장 또는 시사점 문장이 필요하다.

▶ **Step 2. Before vs After로 구조 차이 느끼기**

구조화 수준이 달라지면 결과도 달라진다. 단순히 항목을 나열한 보고서와, 시사점 중심으로 구조화된 보고서는 명확하게 다르다. 이를 직관적으로 이해하기 위해 다음의 Before vs After 사례를 살펴보자. 제목부터 시사점까지 정보의 정리 방식이 다르고, 독자가 보고서를 받아들이는 이해도 또한 확연히 달라진다.

[한눈에 비교하는 Before vs After]

항목	문해력 부족형 보고서	문해력 적용형 구조화 보고서
제목	없음 또는 중립적인 "고객 불만 정리"	시사점이 반영된 주장형 제목 "응대 신뢰 회복이 시급한 이유"
구조	항목 나열 중심	문제 → 원인 → 해결 구조
정보 선택	수치·항목 모두 나열	주요 이슈 중심 요약
흐름	범주 없음, 중복 발생	유형별 분류 + 비교 구조
시사점	없음 또는 암시만 있음	명확한 통찰 정리 + 개선 방향 제안

▶ **Step 3. 구조가 곧 문해력이다.**

이 장에서 강조하는 문해력은 단순히 '읽는 능력'이 아니다. '핵심을 파악하고, 구조를 짜고, 흐름을 설계하는 능력'이다. 보고서를 작성하기 전, '제목-소제목-핵심 문장'이라는 세 가지 요소를 먼저 설계하는 습관을 들이자. 그것만으로도 보고서의 명료함과 설득력은 분명하게 달라진다.

11.3. SDI 구조

"간단하게 정리해서 올려 줘요."
"회의 내용도 좀 반영해 주시고요."
"이번엔 고객 관점에서 접근해야 할 것 같아요."

직장에서 흔히 듣는 말이다. 짧고 간단하지만, 신입사원에게는 이 말들이 무척 모호하고 어렵게 느껴진다. 신입사원 A는 이 지시를 듣고 나름대로 이렇게 해석한다. '간단하게 정리하라'는 말은 글자 수를 줄이라는 의미로, '회의 내용 반영하라'는 말은 회의록을 복사해 붙이면 되는 것으로, '고객 관점에서 쓰라'는 말은 '고객님'이라는 표현을 더해 정중하게 바꾸라는 의미로 받아들인다. A는 열심히 작업했지만, 돌아오는 피드백은 "이게 무슨 말인지 모르겠다.", "아직도 정리가 안 됐다."는 말뿐이다.

이처럼 표면적으로는 지시를 이해한 것 같지만, 실제로는 핵심 의도나 맥락을 읽지 못한 채 작업에 들어가는 경우가 많다. 결과적으로 A는 "깔끔하게 정리하라"는 말을 '디자인 예쁘게 하기'로 받아들이고, "회의 내용을 반영하라"는 말을 '복사 붙여넣기'로 해석하고, "고객 관점"은 '어투를 정중하게 바꾸는 일'로 처리한다. 문제는 지시를 안 들은 것이 아니라, '지시의 본질을 오해한 것'이다.

문해력 관점에서 보면, 핵심은 '문장의 기능'을 이해하는 것이다. 직장 문서는 단순히 정보를 나열하는 글이 아니다. 한 문장 한 문장이 각기 다른 역할과 목적을 가지고 있으며, 그 기능을 구분하지 못하면 문장은 길어지지만 메시지는 사라진다.

이 장에서는 실무 문해력을 훈련하기 위해 '요약(Summary)', '서술(Description)', '인사이트(Insight)'라는 세 가지 문장 유형을 중심으로 문해력을 구분해 설명한다. 요약은 전체 맥락을 한두 줄로 압축하는 것이고, 서술은 상황이나 데이터를 구체적으로 전달하는 것, 그리고 인사이트는 의미를 해석하고 방향성을 제시하는 문장이다.

참고로, 문장을 구분하는 방식은 다양하다. 공공문서나 정책 문서에서는 'Fact-Summary-Insight' 구조가, 학술 글쓰기나 저널리즘 분야에서는 'Description-Summary-Insight' 형식이 사용되기도 한다. 하지만 이 책에서는 보고서 작성 및 실무 문해력 훈련에 가장 효과적인 'Summary-Description-Insight(SDI)' 구조를 기준으로 삼는다. 핵심을 먼저 요약하고, 근거를 설명한 뒤, 의미를 도출하는 흐름이 직장 문서와 가장 잘 맞기 때문이다.

예를 들어 '고객 불만 보고서'를 작성한다고 가정하자. 많은 신입사원은 단순한 수치 나열로 보고서를 채운다. "불만 접수는 125건이었고, 응답률은 82%였다."와 같은 문장은 무슨 일이 있었는지는 알려 주지만, 왜 중요한지, 무엇이 문제인지, 어떤 방향으로 해결할 수 있는지를 전달하지 못한다. 이때 SDI 구조를 적용하면 이렇게 바뀐다.

- 요약: 불만의 64%는 응대 지연과 데이터 오류에 집중됐다.

- 서술: 3월 한 달간 고객 불만은 125건으로, 전월 대비 18% 증가했다.
- 인사이트: 응대 품질과 기술적 신뢰성이 흔들리고 있으며, 이 추세가 지속되면 브랜드 이미지에 타격이 우려된다.

공공문서 구성과도 자연스럽게 연결된다. 추진 배경과 현황을 설명하는 서론은 Summary와 Fact에 해당하고, 문제 분석과 원인 분석은 Summary와 Insight를 연결한다. 결론에서는 Insight를 확장하여 전략과 실행 방향을 제안한다. 이러한 SDI 구조는 단순히 보고서를 잘 쓰는 법을 넘어서, 정보를 읽고 재구성하고 전달하는 전체 문해력 흐름을 훈련하는 데 효과적이다. 보고서에 세 가지 문장 유형이 고르게 포함되어야 한다. 하나의 문장만 반복되면 메시지의 힘이 약해지고, 특히 인사이트 없는 문서는 단순 정보 정리에 그친다. 요약 → 설명 → 통찰의 흐름이 있어야 진짜 설득력이 생긴다.

[문서 속 세 가지 문장의 차이]

문장 유형	기능	실무에서의 예시
요약 (Summary)	현상 전달 (핵심 내용을 압축하여 전달)	- 전체 불만 중 60%는 응대 지연과 품질 이슈에 집중됐다. - 고객 불만은 전월 대비 18% 증가했다.

서술 (Description)	핵심 정리 (상황이나 데이터를 있는 그대로 설명)	- 3월 불만 접수는 총 125건으로 전월 대비 18% 증가했다. - 불만의 64%는 응대 지연에 집중됐다.
인사이트 (Insight)	의미 해석 (분석을 통해 의미를 도출하고 방향 제시)	- 기존 CS 운영 방식만으로는 고객 기대치를 충족시키기 어렵다는 신호다. - 응대 방식 개선 없이는 고객 이탈 가능성 증가

1) 실무 보고서로 배우는 SDI 적용법

11.3장에서 SDI(Summary-Description-Insight) 구조의 개념과 실전 루틴을 살펴보았다면, 이번에는 이 구조가 실제 보고서에 어떻게 적용되는지를 보다 구체적으로 다룬다. 특히 문해력이 결핍된 보고서와 그것을 개선한 구조화된 보고서를 비교 분석하며, SDI 구조의 효과를 체감할 수 있도록 구성했다.

✔ 문장 구분 실전 예시
• 주제: 고객 불만 증가 보고서
- 서술: "3월 한 달간 고객 불만은 125건으로, 전월 대비 18% 증가했다."
- 요약: "불만이 집중된 영역은 '응대 지연'과 '데이터 오류'였다."
- 인사이트: "응대 품질과 기술적 신뢰성이 동시에 흔들리고 있으며, 이 추세가 지속될 경우 브랜드 이미지에 타격이 우려된다."

→ 서술만 있는 보고서는 자료 정리로 끝나지만, 인사이트가 포함된

보고서는 전략을 이끌어 낸다.

* 여기서 잠깐!

✔ SDI 문장 구조 이해 보완 설명

SDI라면서 왜 서술-요약-인사이트 순으로 정리되었어요? 오타 아닌가요?

언뜻 보면 "요약 → 서술 → 인사이트" 순서인 것 같지만, 아니다. SDI는 문장의 '순서'가 아니라, 문장이 수행하는 '역할'을 기준으로 구분하는 프레임이다. 즉, Summary는 요지 정리, Description은 사실 설명, Insight는 의미 해석 및 방향 제시라고 할 수 있다.

[문장 유형별 기능]

문장 유형	구분 기준	기능 설명
Summary	전체 흐름의 요지 전달	핵심 정리/주제 핵심 압축
Description	상황 설명/근거 제시	수치, 사실 등 구체적 상황 서술
Insight	의미 도출/전략 제시	방향성, 해석, 메시지 제시

"문장의 구성 순서도 문해력이다."

SDI, DSI, ISD 같은 구성 방식의 배치 순서는 글의 목적과 전달력에 실제로 큰 영향을 준다. 같은 내용을 담고 있어도, 어떤 순서로 배치하느냐에 따라 글의 목적과 설득력은 완전히 달라진다. 이것은 단순한 포맷이 아니라, 문해력의 전략이다. 지금 무엇을 말하고 싶은지, 누구에게 말하려는지를 떠올리면, 그에 맞는 문장 구조를 선택하는 것이 글쓰기의 시작이다. 당신의 메시지가 주목받고 싶다면 SDI, 실무 보고에 강해지고 싶다면 DSI, 청중의 생각을 흔들고 싶다면 ISD처럼, 글의 구조를 전략적으로 설계하는 문해력이 필요하다.

[문해력 구조 확장판: 목적에 따라 달라지는 문장 순서 전략]

구조	순서 (문장 기능)	목적	특징	대표 사용 예시
SDI	Summary → Description → Insight	핵심 메시지 먼저	핵심을 던지고 뒷받침하며 통찰로 마무리	오피니언 칼럼, 스피치, 블로그
DSI	Description → Summary → Insight	실무 흐름 중심	팩트 → 요약 → 전략으로 설득력 강화	실무 보고서, 정책 문서
ISD	Insight → Summary → Description	충격/질문 제시	메시지로 사로잡고 근거를 나중에 제시	광고, 피치덱, 컨설팅 발표
SID	Summary → Insight → Description	메시지 중심 요약	핵심 → 방향성 → 사례 (자세한 설명은 나중)	CEO 브리핑, 언론 기고
IDS	Insight → Description → Summary	스토리텔링/ 몰입형	충격적 결론 → 사실 설명 → 요약으로 명료화	감성 발표, TED 톤 글쓰기
DIS	Description → Insight → Summary	분석/ 진단형	사실을 보여 주고 해석한 뒤 요지 정리	리서치 리포트, 산업 동향

[구성 전략별 비교 정리]

순서	추천 상황	글쓰기 유형	특징 키워드
SDI	관심을 먼저 끌고 싶을 때	칼럼, 강의 서두	"결론부터 말하면" 스타일
DSI	정석적인 보고서 흐름이 필요할 때	공문서, 실무 문서	"근거를 먼저, 메시지는 나중에"
ISD	리더/청중을 흔들고 싶을 때	스피치, 피치덱	"당신은 지금 큰 실수를 하고 있습니다"
SID	정보+방향성 중심 요약이 필요할 때	임원용 보고, 뉴스레터	"핵심 → 전략 → 상세"
IDS	감정적 몰입을 유도할 때	브랜드 스토리, 연설문	"이 이야기를 꼭 들려주고 싶었습니다"
DIS	데이터 기반 분석형 문서	산업 분석 보고서	"팩트 → 의미 → 요지 정리"

이제 구조별 전략을 이해했다면, 실제 공문서와 실무 보고서에서 어떻게 활용되는지를 연결해서 살펴볼 수 있다. 특히 SDI 구조는 공문서의 작성 흐름과도 자연스럽게 매핑된다. 다음은 행정 문서의 구성과 SDI 문장의 기능이 어떻게 연결되는지를 설명한 예시이다.

✔ 공문서 vs 문해력 보고서 구성 매칭하기

공공기관에서 사용하는 공문서의 유형은 다양하며, 그 구성 방식도 문서 목적에 따라 달라진다. 이에 따라 문해력 보고서와의 구조적 매칭도 SDI(Summary-Description-Insight) 관점에서 유동적으로 적용될 수 있다. 아래 표는 공문서 유형별 구성 방식과 문해력 보고서의 대응 구조를 비교한 것이다.

[공문서 유형별 보고서 구조 vs 문해력 보고서 구조(SDI 기반)]

공문서 유형	공문서 구성 방식	SDI 기반 문해력 보고서 구성
추진계획 보고서	현황 → 과제 요약 → 실행방안	Description → Summary → Insight (DSI)
정책제안 보고서	배경 → 문제 인식 → 제안 → 기대 효과	Summary → Description → Insight (SDI)
성과평가 보고서	지표 및 결과 제시 → 분석 → 개선 방향	Description → Insight → Summary (DIS)
현황 보고서	상황 설명 → 요약 정리	Description → Summary (DS)
전략기획 보고서	핵심 전략 → 근거 및 수치 → 방향성 제시	Insight → Description → Summary (IDS)

지금까지 SDI 구조를 바탕으로, 공공문서와 실무 보고서에서 정보가 어떻게 정리되고, 어떤 기준으로 해석되어야 하는지를 살펴보았다. 이제 이 구조를 실제 보고서에 어떻게 적용할 수 있는지 한 사례를 통해 구체적으로 살펴보자. 다음에 등장하는 보고서는 신입사원이 처음 제출했던 '고객 응대 품질 개선 보고서'다. 이 보고서는 내용은 충실하지만, 메시지의 핵심이 보이지 않고 흐름이 느슨하다는 피드백을 받았다.

우리는 이 보고서를 바탕으로 SDI 구조를 적용하여,

① 정보의 흐름을 재배열하고,
② 핵심 메시지를 앞세우며,
③ 구조적 설득력을 갖춘 '문해력 보고서'로 발전시키는 과정을 살펴

볼 것이다.

✔ 사례: 보고서 구조화 실패 vs 성공 사례 비교

회의에서 팀장이 말했다. "이건 이번에 고객사 이슈 중심으로 정리하고, 앞쪽에 시사점을 먼저 넣어야 할 것 같아." 신입사원 C는 열심히 회의 내용을 적었고, 그날 저녁 자료를 완성했다. 그런데 팀장은 고개를 저었다. "시사점이 없잖아. 그냥 자료 나열이잖아." C는 당황했다. "말씀하신 내용 다 들어갔는데요…" 문제는 '말을 듣지 못한 것'이 아니라, 말의 구조와 논리를 파악하지 못하고 그대로 베껴 넣은 것이었다. 시사점을 맨 앞에 두라는 말은, 단순히 '위에 쓰라'는 뜻이 아니라, 전체 구성의 흐름을 전략적으로 바꾸라는 의미였던 것이다.

[문해력이 결핍된 신입사원 C의 보고서]

1. 고객사 불만 정리
1) 4월 중순 A고객사에서 앱 작동 오류 항의 접수
2) B고객사, 신규 계정 전환 문제로 문의 다수
3) C고객사, 리포트 데이터 정확도에 대한 반복 요청
4) D고객사, 콜센터 응대 품질 관련 불만 접수

2. 대응 방안

1) 기술지원팀 인력 보강 고려

2) 고객 응대 매뉴얼 업데이트

3) VOC 수집 시스템 도입 검토

4) 기존 앱 UI 개선 필요성 제기

3. 경쟁사 동향

1) A사: 지난달 신규 고객사 3곳 확보

2) B사: 챗봇 고객지원 기능 런칭

3) C사: 고객센터 평일 야간 운영 시작

4) D사: CS 대응 평가 항목 외부 공개 시행

4. 수치 통계

1) 3월 고객 불만 접수 건수: 총 125건

2) 처리 평균 소요시간: 18시간

3) 1차 응대 만족도 평균: 3.7점/5점

4) 재문의 비율: 전체 문의의 22%

5) 고객센터 응답률: 82%

◆ 자료 1: 고객사 불만 정리(신입사원 C의 작성 예시 - 단순 나열형)

✔ 문제점:
- 항목은 많지만 공통점, 원인, 시급도, 영향도 등 정리가 전혀 없음

- 팀장이 요청한 "시사점 중심 정리"와는 거리가 있음

✔ 팀장이 기대한 구성 예시(문해력 구조화 버전)
- 고객 불만 주요 유형 요약
- 기술 이슈(앱 오류, 계정 전환 장애): A, B 사례
- 품질 불신(데이터 오류, 응대 문제): C, D 사례
 - 공통 시사점
 - 전체 고객사 중 '계정 전환/데이터 품질' 관련 이슈 다수 → 신뢰도 저하 우려
 - 불만 유형이 기술팀·CS팀 분산→ 대응 컨트롤타워 필요
- 제안
 - 고객 VOC 정기 모니터링 도입
 - 고객사별 '이슈 체감도' 가중치 부여 필요

이렇게 정리되면 단순히 '어떤 일이 있었는가'를 나열하는 게 아니라, "그래서 이게 무슨 의미가 있나", 즉 시사점 중심 정리가 가능해진다.

◆ 자료 2: 대응 방안 예시(신입사원 C의 작성 - 단순 나열형)
✔ 문제점:
- 단편적 아이디어만 나열됨
- 문제와의 연결성 불분명, 우선순위 없음, 실현 가능성이나 기대 효

과 없음
- 앞 장(자료 1)의 고객 불만 내용과 맥락적 연계 미흡

✔ 팀장이 기대한 대응 방안 구성 예시(문해력 구조화 버전)
- 이슈 유형별 대응 방안 정리

구분	주요 이슈	대응 방안	기대 효과
기술 문제	앱 오류, 계정 전환 장애	앱 QA 프로세스 강화 / 버그 리포트 자동화	이슈 선제적 예방, 고객 신뢰 회복
서비스 품질	응대 지연, 안내 부정확	고객 응대 스크립트 개편 / 신규 CS 교육 강화	불만 재발 방지, 만족도 개선
정보 신뢰	리포트 정확도 의심	정기 검증 시스템 도입 / 통계 기준 공지	데이터 신뢰 회복, 혼란 최소화

✔ 우선 대응 제안
- 단기적으로 응대 매뉴얼 개선 상시 교육부터 추진
- 기술 이슈 대응은 중기 계획(2개월 내) 실행 로드맵 필요

◆ 자료 3: 경쟁사 동향(신입사원 C의 작성 - 단순 나열형)
✔ 문제점:
- 그냥 '누가 뭘 했다'는 정보만 나열
- 우리 조직에 어떤 영향을 줄 수 있는지, 시사점은 무엇인지 없음
- 정리 기준(시간별, 강도별, 전략별 등)도 없어 흐름 파악이 어려움

✔ 팀장이 기대한 구성 예시(문해력 적용 구조화)

• 경쟁사 주요 CS 전략 변화 정리

경쟁사	주요 변화	전략 방향	시사점
A사	신규 고객사 확보(3곳)	외부 유입 채널 집중 투자	우리 쪽 이탈 가능성 대비 필요
B사	AI 챗봇 고객응대 시작	비대면 대응 자동화 강화	기술력 격차에 대한 대응 필요
C사	평일 야간 운영 도입	대응 시간 확장	고객 편의성 높이기 위한 서비스 범위 확대 검토 필요
D사	고객 응대 평가 외부 공개	투명경영 강화	CS 품질 점검 및 내부 KPI 재정비 필요

• 핵심 인사이트 정리

- 전반적으로 '고객 접점의 속도, 채널, 신뢰성'을 중심으로 경쟁사 변화 가속화 중
- 우리 조직은 여전히 '기존 전화/이메일 중심 CS' → 디지털 전환 계획 필요

◆ 자료 4: 수치 통계(신입사원 C의 작성 - 나열형)

✔ 문제점:

• 수치는 풍부하지만, 이 수치들이 말해 주는 방향이나 의미가 없음
• 개선 포인트, 기준과의 비교, 변화 추이 등 분석 없이 단순 숫자 나열
• 보고서를 읽는 사람이 "그래서 어쩌라고?"라는 생각이 들게 됨

✔ 팀장이 기대한 구성 예시(문해력 적용형: 수치 → 의미 구조화)

- 핵심 통계 요약 + 시사점 정리

항목	수치	기준/전월 대비	시사점
고객 불만 접수	125건	전월 대비 +18% 증가	특정 시기 기능 오류 영향 분석 필요
처리 소요 시간	평균 18시간	내부 목표치 12시간 초과	SLA 개선 필요, 인력 배치 재조정 검토
1차 응대 만족도	평균 3.7점	(5점 만점 기준)	응대 품질 낮음, 매뉴얼 개선 시급
재문의 비율	22%	업계 평균 14%보다 높음	정확도·신뢰도 개선 과제 확인
응답률	82%	목표 90% 미달	전화 응답 시스템 점검 필요

- 요약 메시지
- 고객 경험 수치 전반이 기준 미달, 경쟁사 대비 열세
- 기능 개선 + 응대 전략 + 내부 리소스 운영 방식의 다각적 개선 필요

[SDI 구조로 재설계한 고객 응대 품질 보고서]

고객 응대 품질 개선을 위한 보고

Ⅰ. 추진 배경

최근 고객 불만이 지속적으로 증가하고 있으며, 서비스 품질에 대한 외부 불신이 확대되고 있음.

II. 현 실태 및 문제점

3월 기준 고객 불만은 125건으로 전월 대비 18% 증가. 응대 지연, 정보 불일치 등의 문제가 반복됨.

III. 원인 분석

응대 인력 부족, 매뉴얼 미비, VOC 체계의 단편성 등이 문제의 핵심 원인으로 파악됨.

IV. 개선 방향

- 단기: 응대 기준 재정비 및 교육 강화
- 중기: VOC 통합 시스템 설계
- 장기: 고객 접점 기술 고도화

V. 기대 효과

고객 응대 신뢰 회복, 불만 재문의율 감소, 내부 CS 인프라 체계화

[L-CODE 기준 문해력 정리 포인트]

L-CODE	신입사원 C의 작성 방식	문제점	개선 방향
핵심 정보 파악	자료, 수치, 사례를 단순 나열함	중요도나 맥락 구분 없이 정보가 나열됨	핵심 내용 중심으로 정리, 우선순위 표시
맥락 이해	지시의 의도보다 말의 표면에 집중	전체 구조나 배경 없이 실행 중심으로 접근	지시 배경과 목적을 파악하고 흐름 이해

논리 구조화	항목별 나열, 흐름과 비교 기준 없음	보고서 전체 흐름이 없고 읽기 어려움	문제-원인-대응 구조로 재배열
전략적 커뮤니케이션	상대 입장 고려 없이 일반적 표현 사용	전달 우선순위, 문장 구성의 전략성 부족	상황에 따라 핵심부터 정리, 시각화와 메시지 조절

이처럼 동일한 주제를 다루더라도, SDI 구조에 따라 정보의 흐름과 전달 방식이 달라지면 보고서의 설득력과 완성도는 극명하게 달라진다. 핵심은 '어떻게 썼는가'보다 '어떻게 구조화했는가'에 달려 있다. 이제는 이 구조를 나의 보고서에 직접 적용해 볼 차례다. 다음 장에서는 문장을 구분하고 구성하는 실전 루틴을 통해, 나만의 문해력 보고서를 써 보는 훈련을 시작해 보자. 그리고 꼭 기억하자. 반복되는 수정의 근본 원인은 '태도'가 아니라, '문해력의 방식'이라는 것.

- 단어가 아닌 맥락
- 요청이 아닌 의도
- 자료가 아닌 메시지
- 전달이 아닌 구조

이것들을 파악하지 못한 채 '보이는 대로'만 처리하는 사람은 자기도 모르게 '일 못하는 사람'이라는 평가를 받게 된다. 보이는 대로 처리하는 사람이 아닌, 의미를 설계할 줄 아는 사람이 진짜 실무자가 된다. 그래서 지금, 당신에게 필요한 건 L-CODE 기반의 문해력 훈련이다.

11.4. 반복 수정 없는 보고서 작성 습관 만들기

앞서 살펴본 바와 같이, 문해력 부족은 "읽기 능력 부족"이 아니다. 핵심을 골라내고, 맥락을 읽고, 재구조화하며, 전달하는 복합적 능력의 결핍이다. 이 능력은 하루아침에 생기지 않지만, 루틴을 통해 훈련할 수 있다. 보고서는 글을 잘 쓰는 사람이 쓰는 것이 아니라, 구조를 설계할 줄 아는 사람이 쓴다. 구조화된 문장을 반복적으로 훈련하면, 불필요한 수정과 피드백의 악순환에서 벗어날 수 있다.

[L-CODE와 연결된 문장 활용 전략]

L-CODE 요소	대응 문장 유형	훈련 포인트
핵심 정보 파악력	요약문	핵심을 1~2줄로 뽑는 연습 / 한 문장 요약 훈련
맥락 이해력	지시 배경·전체 흐름 파악 문장	말의 표면보다 의도를 파악 / 상·하 문맥 연결 훈련
논리 구조화력	서술 → 요약 → 인사이트 순서	흐름 있는 보고서 구조 설계
전략적 커뮤니케이션	인사이트 메시지 전달 조정	대상(상사/팀/외부)에 맞게 표현 강도 조절

✔ 하루 10분 루틴으로 완성하는 보고서 훈련법

"하나의 보고서에 세 가지 문장이 적절히 섞여야 설득력이 생긴다."

SDI 문장 구조로 문해력을 훈련해 보자. 이 연습을 하루 10분만 투자해도, 실무 문해력을 끌어올릴 수 있다. 다음은 문장을 구분하며 보고서를 작성하는 연습 루틴이다. 아래 세 가지를 한 세트로 연결한다. 특히 반복 수정 없는 보고서를 쓰려면 '처음부터 잘 쓸 수 있는 설계력'이 핵심이다.

1) 오늘 읽은 회의록 중 서술문 1개 추출
2) 그 내용을 요약문으로 바꾸기
3) 의미를 해석해 인사이트 문장으로 정리

[예시]
- 서술: "마케팅팀은 SNS 반응이 전년 대비 23% 하락했다고 보고했다."
- 요약: "SNS 채널 성과가 전반적으로 하락 중이다."
- 인사이트: "디지털 캠페인 전략의 리프레시가 시급하다는 신호다."

문장은 곧 메시지의 도구이다. 문해력은 단지 글을 읽는 능력이 아니라, 보고서를 읽는 사람이 '무슨 일이 있었는가, 그래서 뭐가 중요한가, 이제 어떻게 해야 하는가'를 순차적으로 이해할 수 있다. 이 흐름을 설계할 수 있는 사람이 바로 '일을 정리할 줄 아는 사람'이다. '요약, 서술,

인사이트'를 구분할 줄 아는 사람은 단순히 '보고하는 사람'이 아니라, '판단하고 이끄는 사람'이 될 수 있다.

12장.
스마트한 커뮤니케이션 문해력: 이메일, 회의, 피드백까지

12.1. 오해 없는 요청, 협조, 회신의 문장력

◆ 사례 1: 메일은 보냈지만, 전달된 건 없다

신입사원 B는 외부 협력사에 자료를 전달하는 첫 메일을 맡았다. 자료는 PDF로 첨부했고, 본문에는 "자료 보내 드립니다. 감사합니다." 한 줄을 썼다. B는 자랑스럽게 말한다. "메일 보냈습니다!" 하지만 그 메일을 받은 협력사 담당자는 자료를 열지 않고 상사에게 물었다.

"이거 뭐에 쓰는 자료예요? 언제까지 피드백드려야 하죠?"

B의 메일은 '자료 전달'이라는 기술적 기능은 수행했지만, 업무적 목적과 전달력은 완전히 빠져 있었다. 메일을 쓰는 데 필요한 문해력은

단순히 '예의 바르게 쓰는 기술'이 아니라, 정보를 정리하고 목적을 구조화해 상대에게 명확하게 전달하는 능력이다.

[문해력 부족형 메일 예시]

제목: 자료 보내 드립니다.

안녕하세요.
첨부 파일 참고 부탁드립니다.
감사합니다.

- 문제점 요약:
- 핵심 정보 누락: 무슨 자료인지, 왜 보내는지, 어떻게 해야 하는지가 빠짐
- 맥락 없음: 받는 사람은 이 메일이 어떤 업무의 연장선인지 알 수 없음
- 불명확한 요청: 언제까지 피드백을 줘야 하는지 전혀 명시되어 있지 않음

✔ 문해력 적용형 메일 예시(L-CODE 적용)

[문해력 적용형 메일]

제목: 5월 프로모션 자료 초안 전달드립니다. (5/10까지 피드백 요청)

안녕하세요, ○○팀 B사원입니다.
이번 5월 고객 프로모션과 관련한 초안 자료(PDF)를 공유드립니다.
→ 주요 내용: 기획 방향, 예상 일정, 디자인 초안 포함

요청 사항:
5/10(금)까지 검토 후 간단한 피드백을 주시면 다음 수정안에 반영하겠습니다.

감사합니다.
○○기업 B 드림

[문해력 요소로 보는 이메일의 완성도]

요소명	적용 방식
핵심 정보 파악력	제목에 '5월 프로모션 + 초안 + 피드백 요청' 포함하여 메일 목적을 단번에 파악 가능하게 구성
맥락 이해력	'이번 5월 고객 프로모션'이라는 문맥을 제시하여 자료의 성격과 흐름 설명
논리 구조화력	본문 → 자료 설명 → 요청 사항 → 마무리 인사 순으로 흐름 있게 정리
전략적 커뮤니케이션	제목에 기한 삽입, 요청 사항 강조, 상대의 피드백 행동을 유도하는 방식으로 표현 조절

문해력 차이는 결국 '읽는 힘'에서 머무르는 것이 아니라, '의도를 정리하고 전달하는 능력'의 차이다. 같은 자료를 보내더라도, 어떻게 설명하고 구조화해서 전달하느냐에 따라 상대의 이해도는 물론, 신뢰도, 업무 효율이 모두 달라진다. '읽는 사람'이 필요한 정보를 정확히 이해하고, 바로 행동으로 옮길 수 있게 쓰는 것이다. 특히 요청, 협조, 회신 메일은 '상대의 행동'을 유도하는 글이므로 문해력 요소가 복합적으로 작동한다.

12.2. 회의 안건 이해와 효과적인 발언 전략

회의에 참여한 경험이 있는 청년이라면, 이런 장면이 낯설지 않을 것이다. 회의 안건은 사전에 전달되었고, 참석은 했지만 머릿속이 하얘진 채 말 한마디 못 하고 자리를 지키기만 한 경험. 상사의 "이 부분은 어떻게 생각하세요?"라는 질문에 당황해 말을 더듬거나, 회의가 끝난 뒤 '사실 이건 얘기하고 싶었는데…' 하고 후회한 적이 있다면, 이 장을 주목해 보자. 이런 상황은 단순히 자신감 부족 때문이 아니다. '회의 안건'이라는 텍스트를 이해하고, 그 안에서 내가 할 수 있는 역할과 발언 타이밍을 파악하는 회의 문해력 부족에서 비롯된다.

회의 문해력, 왜 중요한가? 회의는 단순히 '모여서 이야기하는 자리'

가 아니다. 기획자에게는 기획 의도를 설득할 무대이고, 실행자에게는 문제의 맥락을 설명하고 방향을 제안할 기회이며, 신입사원에게는 이해력과 말하기 능력을 동시에 보여 줄 수 있는 중요한 훈련의 장이 된다. 그렇다면 회의에서 요구되는 문해력은 무엇일까? L-CODE 프레임으로 정리해 보자.

[회의 문해력의 4가지 요소]

L-CODE 요소	회의에서의 적용 방식
핵심 정보 파악력	회의 안건의 핵심 요지와 질문 포인트를 파악
맥락 이해력	회의의 전반 흐름과 타인의 발언 흐름을 읽음
논리 구조화력	말하고자 하는 내용을 요약 → 근거 → 제안 순으로 구조화
전략적 커뮤니케이션	언제 말할 것인가, 어떻게 말할 것인가를 조절함

✔ '발언하지 못한 B사원' vs '2분 만에 흐름을 잡은 C사원'

신입사원 B는 안건을 읽고 회의에 참석했지만, 어떤 발언을 해야 할지 몰라 끝까지 아무 말도 하지 못했다. 회의 후 "다 이해했지만, 정리가 안 되어서 말하지 못했다"고 말한다. 반면, 신입사원 C는 안건을 보고 요점을 정리한 뒤, 회의 중 상사가 "이 부분은 신입 시선에서 어떻게 보이나요?"라고 물었을 때 이렇게 답했다.

"고객 설문 결과에서 눈에 띄는 건 응답자의 67%가 첫 로그인 경험에 어려움을 겪었다는 점입니다. 이건 단순한 UI 개선 문제가 아니라,

초기 진입장벽을 낮춰야 한다는 시그널이라고 봅니다. '초기 튜토리얼 강화' 같은 대응이 필요해 보입니다."

C는 '요약 → 맥락 해석 → 제안'이라는 흐름으로 말을 구성했고, 이 짧은 발언은 팀장이 다시 메모를 하게 만들 정도로 회의 흐름을 바꿨다.

✔ 실전 연습: 회의 발언 구조 설계 훈련

회의에서 말할 내용을 사전에 정리하는 훈련만으로도 발언의 질이 달라진다. 다음과 같은 루틴으로 연습해 보자. 이 루틴은 간결한 2분 발언을 가능하게 해 준다. 특히 발언이 자유롭지 않은 회의 구조 속에서도, 이런 구조를 머릿속에 세워놓으면 말을 꺼낼 수 있는 용기가 생긴다.

- 회의 안건 정리 루틴
- 안건 제목을 1문장으로 요약한다.
- 내가 이해한 이슈의 핵심 맥락을 정리한다.
- 이에 대해 내가 제안하고 싶은 1가지 방향을 준비한다.

- 예시:
- 제목 요약: "고객 초기 이탈 문제"
- 이슈 맥락: "첫 로그인 화면에서 정보 과부하 발생"
- 제안: "초기 화면 간소화 + 선택형 정보 제공 방식 도입"

✔ 실무 Tip: 말하는 사람이 되려면, '준비된 이해'가 먼저다

회의 중 발언은 단순히 '말을 잘하는 능력'이 아니다. 어떤 말을 왜 해야 하는지에 대한 인식과 준비가 전제되어야 한다. 말을 하지 못하는 사람은 대부분 '자신의 의견이 정리되지 않은 상태'에 있기 때문이다. 이럴 때 필요한 것은 화려한 스피치 기술이 아니라, 안건의 핵심을 구조화할 수 있는 문해력이다. 다음 회의에서, 당신의 한마디가 회의의 흐름을 바꿀 수 있다.

12.3. 공감과 논리를 담은 피드백 메시지

직장에 들어와 가장 당황스러운 순간 중 하나는 바로 '피드백을 받는 순간'일 것이다.

"이건 다시 해 오세요."
"좀 더 생각하고 오세요."
"보고서가 깔끔하지 않네요."

짧은 말 한마디에도 기분이 무너질 수 있고, "왜 그런 말을 하지?"라는 생각이 하루 종일 머리에 맴돌기도 한다. 하지만 중요한 건, 피드백이 곧 지적이나 질책이 아니라는 걸 아는 것이다. 특히 조직 안에서는

피드백이 곧 커뮤니케이션의 언어이다. 잘 받아들이고, 잘 대응하는 능력 역시 문해력의 한 축이라고 할 수 있다.

　피드백을 받았다면, 그것을 효과적으로 수용하기 위한 기본 원칙과 문해력 요소를 정리해 보자. 상사의 피드백은 종종 무뚝뚝하게 들리거나, 감정이 실린 듯 느껴질 수 있다. 그러나 그 말 안에는 분명 '개선해야 할 방향'이라는 핵심 정보가 들어 있다. "왜 나한테만 이렇게 말하지?"라기보다는, "이 말에서 뭘 바꾸라는 걸까?". 이런 태도 전환만으로도 피드백이 나를 향한 '공격'이 아니라, 성과를 위한 신호로 전환될 수 있다.

　'방어'보다 '해석', '반박'보다 '정리'가 먼저이다. 처음엔 억울하고 억지스러운 말처럼 들릴 수도 있다. 하지만 즉시 반박하기보다, 일단 해석하고 정리하는 루틴을 익히는 게 필요하다. 아래와 같은 스텝을 실천해 보자. 이런 피드백 응답은 상사에게 신뢰를 주는 동시에, 나의 성장 태도를 드러내는 기회가 될 수 있다.

▶ STEP 1: 메타 청취로 요점 파악하기
→ "방금 말씀이 보고서 순서에 대한 부분일까요, 아니면 전체 내용 흐름일까요?"

▶ **STEP 2: 다시 말해 정리하기(청해-확인 루틴)**
→ "정리하면 '도입부에 핵심 내용을 먼저 배치하라'는 말씀이시죠?"

▶ **STEP 3: 긍정적 피드백 응답하기**
→ "피드백 감사합니다. 바로 수정해서 다시 제출드리겠습니다."
→ "그 부분은 제가 미처 생각하지 못했던 부분인데, 주신 피드백 적용해서 다시 수정해 보겠습니다."

감정을 스스로 정리하는 언어를 익히자. 피드백을 받은 후, 감정이 올라올 수 있다. 그럴 땐 혼잣말로 이렇게 정리해 보자.

"기분은 상하지만, 저 말은 내가 더 잘해질 수 있다는 뜻이야."
"감정 말고 정보에 집중하자. 뭘 어떻게 바꾸라는 거지?"
"나를 싫어해서가 아니라, 일을 잘하길 바라서 하는 말일 수도 있어."

이처럼 스스로의 감정을 언어로 해석하고 받아들이는 것도 하나의 '문해력 루틴'이다.

피드백을 자기 성장을 위한 언어로 재구성해 보자. 실제로 들었던 피드백을 내가 스스로 해석하고, 앞으로의 행동 지침으로 바꾸는 연습이 필요하다. 이를 위해 FSI 구조를 활용해 보자. "이게 왜 이렇게 복잡해요?"라는 피드백을 받았다면, 감정을 빼고, 사실(Fact)만 받아들이자. 다음, 상황을 읽어 보자. 보고서의 흐름이 산만했을 수도 있다. 그렇다면 나는 다음 어떤 행동을 해야 하는지 설계해 보는 것이다.

- F(Fact): 들은 말 → "이게 왜 이렇게 복잡해요?"
- S(Situation): 맥락 해석 → 보고서 흐름이 산만했을 수도 있음
- I(Insight): 내 행동 전략 → 다음엔 개요부터 명확히 제시하자

[핵심 구조: FSI 요약표]

단계	의미	적용 질문	예시 표현
Fact	피드백 내용의 사실	"무엇에 대한 피드백이었는가?"	"자료에 빠진 항목이 있다."
Situation	당시 상황/맥락	"왜 그 피드백이 나왔는가?"	"고객이 비교하려던 상황이었다."
Insight	개선 방향 또는 배운 점	"다음에 어떻게 할 것인가?"	"숫자 표기를 명확히 넣자."

피드백을 받은 후, 나는 어떻게 말할 것인가? 공감과 논리를 담는 건 피드백을 주는 사람에게만 해당하는 사항이 아니다. 피드백을 받는 우리의 반응에도 '공감과 논리'를 담아 상대방의 의견에 수용적으로 반응해야 한다. 예를 들어,

"지적해 주서서 감사합니다. 다시 볼 기회를 주서서 다행이에요."

"말씀 들으면서 제가 놓친 부분이 많았다는 걸 느꼈어요. 다음엔 꼭 반영하겠습니다."

이런 말 한마디가 오히려 당신을 신뢰하게 만드는 요인이 될 수 있다. 상사의 피드백은 정답이 아니라 방향이다. 내가 해석하고, 정리하고, 성장으로 연결할 때 비로소 의미가 생긴다.

12.4. Before & After 실전 사례 비교

직장 내 피드백 상황은 누구에게나 낯설고 어렵다. 특히 신입사원이나 대리급 청년층은 경험이 적은 만큼 피드백을 받았을 때 당황하거나, 방어적으로 반응하는 경우가 많다. 하지만 같은 상황에서도 어떤 말을 선택하느냐에 따라 상사의 신뢰를 얻을 수도 있고, 반대로 오해를 살 수도 있다. 앞 장에서 피드백 대응의 원칙을 익혔다면, 이제는 실제 상황에서 어떤 말이 방어적으로 들리고, 어떤 말이 성장형 피드백으로 전환되는지를 비교해 보자. 이 장에서는 실제 피드백 상황에서의 반응을 Before(방어적, 감정적인 대응)와 After(문해력 기반 대응)로 나누어 비교해 볼 것이다. 어떤 말이 불필요한 갈등을 만들고, 어떤 말이 신뢰와 성장을 이끄는지를 구체적으로 확인해 보자.

✔ 사례 1. [IT 스타트업/팀장 피드백]

피드백: "이건 보고서라고 하기엔 너무 정리가 안 되어 있는데요?"

구분	Before(감정적 반응)	After(문해력 기반 대응)
나의 반응	"…다음부턴 그냥 직접 하시죠."	"말씀하신 부분이 전체 구조일까요, 아니면 데이터 해석 쪽일까요? 다시 구성해서 공유드리겠습니다."
전달 감정	무력감 + 냉소	요점 파악 + 의도 확인

✔ 사례 2. [공공기관/선임 피드백]

피드백: "이 자료는 왜 이렇게 불친절해요? 보는 사람 입장은 생각 안 했나요?"

구분	Before(감정적 반응)	After(문해력 기반 대응)
나의 반응	"전에도 이렇게 했는데요?"	"이번 버전은 저 중심으로 정리했네요. 보는 입장에서 흐름을 다시 조정해 보겠습니다."
전달	자기 방어 + 기준 미흡	청중 고려 + 책임 수용

✔ 사례 3. [디자인 에이전시/동료 피드백]

피드백: "이건 컨셉이 너무 모호해. 의도가 안 보이는데?"

구분	Before(감정적 반응)	After(문해력 기반 대응)
나의 반응	"내가 뭘 말해도 결국 지적할 거잖아요~"	"의도 전달이 약했다는 말씀이죠? 타깃을 더 구체화해서 메시지를 다시 구성해 봐야겠네요."
전달	실망감 표현	(재확인 + 실행 의지 표현)

✔ 사례 4. [유통회사/상사 피드백]

피드백: "메일이 너무 장황해서 읽기 힘들어요."

구분	Before(감정적 반응)	After(문해력 기반 대응)
나의 반응	"그럼 뭘 어떻게 써야 하죠?"	핵심 메시지 위주로 정리하는 방식이 더 나았을까요? 문단 구조도 정리해서 다시 드리겠습니다."
전달	받아치기형 반응	요약력 인식 + 수정 제안

[Before vs. After의 차이]

항목	BEFORE 반응 특징	AFTER 반응 특징
반응 태도	감정 중심, 즉각 반응	정보 중심, 질문 중심
커뮤니케이션 흐름	피드백 단절, 거리감 생성	피드백 수용, 대화 연속성 확보
인상	미성숙, 소극적	성숙함, 협업 태도 강조

피드백, 상처가 아닌 성장의 기회로 받아들이자. 반응을 바꾸면 관계가 바뀐다. 피드백 상황에서 감정보다 정보를 우선하고, 되묻고 정리하며 수용의 태도를 보이는 것이 신뢰와 협업의 문을 여는 열쇠가 되기 때문이다. 루틴은 말의 선택을 바꾸고, 말의 선택은 나에 대한 인상을 바꾸고, 그 인상은 결국 업무 관계의 신뢰를 바꿀 수도 있는 것이다.

13장
나를 바꾸는 문해력 루틴: 성장의 엔진 만들기

13.1. 지속 가능한 읽기, 쓰기, 말하기 습관 만들기

'매일 조금씩'이 결국 가장 멀리 간다.

'매일 아침 책 한 장 읽자고 했는데, 왜 난 3일을 못 넘길까?' 루틴은 누구나 만들 수 있지만, 지속 가능한 루틴은 아무나 만들 수 없다. 많은 청년들이 '루틴'을 세운 적은 있지만, '실제로 유지한 경험'은 손에 꼽을 것이다. 특히 읽기, 쓰기, 말하기 같은 문해력 활동은 일상 속에서 꾸준히 실천하기 어렵다는 인식이 많다. 왜 그럴까? 그 이유는 단 하나, 루틴을 너무 거창하게 시작하기 때문이다. 매일 30분 책을 읽고, 블로그에 글을 쓰고, 발표 훈련까지 하겠다는 다짐은 현실 속 피로감 앞에 무너진다.

1) 작고 구체적인 루틴이 오래 간다

루틴은 '작고, 구체적이며, 맥락에 맞는' 행동으로 설정해야 한다. 예를 들어, '책 30쪽 읽기'는 구체적이지 않고, 하루에 읽을 분량이라 하더라도 부담스러운 양일 수 있다. 조금 더 실천 가능하도록 '지하철 두 정거장 동안 기사 1개 읽기'로 구체화하면 행동에 바로 옮길 수 있다.

- 일기 쓰기 → 하루 중 가장 기억에 남는 말 1문장 기록하기
- 말하기 훈련 → 퇴근 후 거울 보며 1분 말하기

이처럼 구체화된 행동은 실행 부담이 적고, 성공 경험이 반복되면서 점점 확장될 수 있다.

2) 일상과 연결된 루틴이 진짜 루틴이다.

루틴은 새로운 시간이 아니라, 기존 시간의 사용 방식을 바꾸는 것이다. 자투리 시간, 대기 시간, 출퇴근 시간, 취침 전 5분, 이런 순간에 끼워 넣을 수 있는 루틴이 진짜 지속 가능하다.

- 출근 전 뉴스 큐레이션 읽기(핵심 정보 파악력 향상)
- 점심시간 짧은 음성 메모(말하기 루틴)
- 퇴근 후 '오늘 가장 기억나는 말 3줄 기록'(쓰기를 통한 정리력 강화)
- 유튜브 영상 보고 핵심 한 줄 정리 댓글 달기(디지털 독해력 루틴)

이처럼 루틴은 시간을 새로 확보하는 것이 아니라, 기존 시간의 질을 바꾸는 것이다.

3) 내가 만든 루틴은 나에게 책임감을 준다.

루틴은 단지 반복이 아니라, 내 삶의 기준과 정체성을 담는 방식이기도 하다. 남이 짜 준 루틴이 아닌, 내가 만든 루틴은 나에게 책임감을 준다. 예를 들어,

"나는 하루에 한 번, 3문장으로 생각을 정리하는 사람이다."
"나는 아침에 기사 하나를 읽고, 하나의 질문을 남기는 루틴을 가진 사람이다."

이런 자기 정의(self-definition)가 실천을 이끌고, 삶의 방향성을 만들어 간다.

4) 디지털 환경에 최적화된 루틴 전략

청년 세대는 디지털과 함께 살아가는 '스마트 루틴 세대'이다. 그렇기에 종이책이나 공책에 한정된 루틴보다는, 디지털과 결합된 루틴이 더 실용적일 수 있다. 디지털 문해력은 종이책 시대의 루틴과는 다르게, 짧지만 촘촘하게 구성할 수 있는 장점이 있기에 이것을 최대한 활용하는 방식을 추천한다.

- 읽기 루틴: 뉴스 큐레이션 앱 → 인스타 카드 뉴스 저장 & 요약
- 쓰기 루틴: 구글 Keep에 메모 1줄 → 오늘의 대화 회고 채팅 저장
- 말하기 루틴: 음성 메모로 1분 일상 브리핑 → 팀 회의 내용 녹음 후 내 목소리 분석

5) 루틴이 습관이 되는 순간, 문해력은 일상이 된다.

루틴은 처음엔 어색하지만, 어느 순간 습관이 된다. 그리고 그 습관은 당신의 사고방식, 말투, 문제 해결 방식에까지 영향을 미칠 것이다. 예전엔 지시를 듣고도 혼란스러웠다면, 이젠 루틴 속 정보 파악 훈련 덕분에 질문을 통해 정확히 맥락을 짚어 낼 수 있다. 예전엔 말하기가 두려웠다면, 이젠 짧게라도 하루 1분씩 말하는 루틴 덕분에 단어 선택이 정교해질 것이다.

지속 가능한 루틴은 소소한 일과 구체적인 실천에서 시작된다. 나만의 읽기, 쓰기, 말하기 루틴은 문해력을 '기술'이 아니라 '삶의 방식'으로 만들 것이다.

13.2. 나의 L-CODE 강점 약점 진단과 맞춤형 루틴 설정

지금 나에게 필요한 문해력 훈련은 무엇일까?

사람마다 말 잘하는 유형이 다르고, 글을 쓰는 방식도 다르다. 누군가는 논리는 뛰어나지만 공감이 부족하고, 또 누군가는 핵심을 잘 캐치하지만 말로 풀어내는 데 어려움을 느낀다. 문해력도 마찬가지이다. 모든 사람이 모든 영역에서 균형 있게 잘할 수는 없다. 중요한 건, 지금 나에게 필요한 루틴은 무엇인지를 아는 것이다.

1) L-CODE를 루틴으로 바꾸는 첫걸음: 자가 진단

[문해력 4대 요소 L-CODE 자가 진단]

L-CODE 요소	의미	진단 질문 예시
핵심 정보 파악력	복잡한 정보 속 핵심을 빠르게 파악하는 능력	"긴 글에서 핵심을 찾는 데 시간이 오래 걸리나요?"
맥락 이해력	발언이나 지시의 배경과 흐름을 파악하는 능력	"회의 중, 말의 의도를 헷갈릴 때가 있나요?"
논리 구조화력	정보나 생각을 조리 있게 정리하는 능력	"내가 한 말이 논리적이지 않다는 피드백을 자주 받나요?"
전략적 커뮤니케이션	목적과 상황에 맞게 소통을 조율하는 능력	"어떤 말을 먼저 해야 할지 몰라 머뭇거리나요?"

2) 나의 약점을 루틴으로 바꾼다: 맞춤 루틴 매칭표

각 문해력 요소별로 맞춤 루틴을 구성하면, 내가 진짜 필요한 부분만 선택적으로 훈련할 수 있다.

L-CODE 요소	약점 있는 사람에게 추천하는 루틴	일상 적용 예시
핵심 정보 파악력	"3줄 요약 루틴" - 매일 본 기사/영상 요약 3문장 작성	출근 전 뉴스 1건 요약하기
맥락 이해력	"의도 되묻기 루틴" - 듣고 나서 '요약 질문' 한 번 더 하기	회의 후 "말씀 정리하면 이런 의미 맞을까요?"
논리 구조화력	"1일 1PREP 루틴" - 하루 1번 주장-이유-예시 정리	SNS 댓글을 PREP 구조로 써 보기
전략적 커뮤니케이션	"역할 바꾸기 루틴" - 내가 상대라면 어떻게 들을까 질문 던지기	메일 작성 전 "상대가 이 메일에서 원하는 건 뭘까?" 질문하기

3) 나의 루틴 이름을 붙여 보자: 작명은 지속의 힘이다!

루틴에 이름을 붙이면, 그 루틴이 '의무'가 아니라 '정체성'이 된다.

- '말 더듬이 탈출 루틴'
- '3줄 정리왕 루틴'
- '논리 조립 루틴'
- '소통 자존감 회복 루틴'

이런 이름은 매일의 훈련에 동기를 더해 주고, 꾸준함을 만들어 준다. 또한 친구와 공유할 때도 "나는 매일 '3줄 정리왕 루틴' 하고 있어"라고 말할 수 있어 더 재미있고 실천하기 쉬워질 것이다.

4) 하나만 정해서 이번 주 실천해 보자.

모든 루틴을 한꺼번에 시작할 필요는 없다. 지금 이 책을 읽고 있는 자기가 가장 약하다고 느끼는 1가지만 선택해 보자. 그것만 일주일 동안 실천해 보는 것이 다음 장에서 이야기하는 '변화 체감'으로 연결될 것이다.

"이번 주 나는 '요약 루틴'으로 하루 1건 기사 요약을 실천해 볼 거에요."
"나는 회의 후 '의도 재확인 질문'을 반드시 한 번 하기로 했어요."

진짜 나를 성장시키는 루틴은, 잘하는 걸 더 잘하게 만드는 것이 아니라, 부족한 부분을 작은 실천으로 바꾸는 것에서 시작된다.

13.3. 실천 속에서 달라지는 나의 일과 태도

루틴은 눈에 잘 띄지 않는 방식으로 우리 삶에 스며든다.

"매일 3문장 쓰기를 실천한 뒤, 어느 날 이런 이야기를 들었습니다."
"요즘 말할 때 조리도 좋고, 전달력도 좋아졌어요."
"보고서 구조가 훨씬 명확해졌네요."
"회의에서 포인트를 짚어 주는 게 인상적이었어요."

이 변화들은 루틴이라는 작은 반복의 힘에서 시작된 결과이다. 루틴은 '일'보다 '태도'를 먼저 바꾼다. 문해력 루틴의 가장 큰 효과는 일의 결과보다 먼저, 일에 대한 태도를 바꾼다는 것이다. 예전엔 회의가 스트레스였다면, 이제는 "메모해서 요약 정리하자"는 생각으로 덜 긴장하게 된다. 예전엔 피드백이 무서웠다면, 이제는 "정보로 받아들이고 정리하자"는 프레임이 생긴다. 예전엔 말할 기회를 피했다면, 이제는 "PREP으로 짧게라도 말해 보자"는 자신감이 생긴다. 이처럼 루틴은 업무 스킬이 아니라 '일하는 마음'을 바꿔 주는 훈련이다. 변화는 단번에 일어나는 게 아니다. 2주, 3주가 지나고 나면 '무의식 속 문해력'이 형성되기 시작한다.

1) 루틴의 흔적을 기록하는 '문해력 저널'의 힘

루틴을 실천하면서 내가 어떤 변화를 겪었는지를 기록하면, 내 성장의 흔적을 추적할 수 있다.

"처음 루틴을 시작한 날, 말할 때 머뭇거렸다."
"5일째, 글 쓸 때 처음으로 구조를 의식했다."
"10일째, 회의에서 요약 발언을 해 보고 팀장이 고개를 끄덕였다."

이런 '실천 일지(저널링)'는 자기 효능감을 높이고, 루틴의 지속력을 강화시켜 준다.

[간단한 기록 형식]

날짜	실천 루틴	느낀 점 또는 변화
4/3	3줄 정리 루틴	기사 핵심만 뽑으니 글 쓰는 시간 단축됨
4/6	PREP 말하기	발표 연습 중 논리가 더 분명해짐
4/10	되묻기 루틴	회의 중 발언 자신감 생김

2) 나는 지금 어떤 사람으로 변해 가고 있을까?

문해력 루틴은 단지 '읽고, 쓰고, 말하는 법'을 배우는 게 아니라, 나 자신을 바라보는 관점을 조금씩 바꾸게 한다. "나는 말이 정리 안 되는 사람"에서 "나는 매일 훈련하는 사람"으로, "나는 발표 울렁증이 있다"에서 "나는 PREP으로 말하는 사람"으로, "나는 정보 해석이 약하다"에서 "나는 매일 핵심을 찾아내는 연습 중이다"로 변화하는 나를 발견할 수 있다. 이런 자기 이미지의 전환이 곧 성장이다. 루틴이 쌓이면, 어느 순간 "나를 나답게 만드는 방식"이 된다. 루틴은 말 한마디, 글 한 문장을 바꾸는 게 아니라, 일에 대한 태도, 나를 대하는 마음, 그리고 삶의 방향을 바꾼다는 것을 꼭 기억하자.

13.4. 나만의 문해력 향상 로드맵 만들기

문해력, 이제는 내 방식으로 설계할 차례이다. 문해력은 배우는 것이 아니라 삶의 흐름 속에서 만들어지는 능력이다. 이제 여러분은

L-CODE 4대 요소도 익혔고, 그에 맞는 루틴도 어떻게 실천할지 알아보았다. 하지만 그것은 '누군가 제시한 루틴'이었을 뿐, 이제는 진짜 자신에게 맞는 루틴을 직접 설계할 때이다.

1) 문해력 향상 로드맵이란?

로드맵은 단순한 계획표가 아니다. 내가 언제, 어떤 상황에서, 어떤 문해력 요소를 실천할 것인지를 정리한 나만의 실행 안내서이다. 이 로드맵을 통해 우리는 생각 없는 반복에서 벗어날 수 있다. 또한, 나만의 로드맵은 의도적이고 목적 있는 실천을 가능하게 한다.

2) 로드맵 구성 4단계

단계	핵심 질문	작성 내용
1단계 진단	나는 어떤 문해력 요소가 약한가?	L-CODE 중 나의 약점 체크
2단계 루틴 설계	어떤 루틴으로 개선할 것인가?	루틴 이름 + 구체적 행동
3단계 실천 계획	언제, 얼마나 실천할 것인가?	주 몇 회, 어떤 시간대에 실행
4단계 점검과 조정	어떤 변화가 있었고, 다음 단계는?	성과 기록 + 개선점 메모

3) 나만의 로드맵 예시

항목	내용
나의 약점	전략적 커뮤니케이션 능력
루틴 이름	'상대 입장에서 말하기 루틴'
실천 행동	메일을 쓸 때 "상대는 무엇을 원하는가?" 먼저 메모
시간	퇴근 전 15분
기간	주 3회, 3주간 실천
평가	말투가 명확해졌다는 피드백을 받음. 다음은 회의 발언 정리 루틴 도전!

[나만의 로드맵 예시]

항목	내용
나의 약점	
루틴 이름	
실천 행동	
시간	
기간	
평가	

4) 완성! 나의 30일 문해력 루틴 선언문

마지막으로 나만의 루틴 선언문을 작성해 보자. 이 선언문은 앞으로 흔들릴 때마다 돌아보는 '나의 문해력 다짐서'가 되어 줄 것이다.

[나의 문해력 루틴 선언문 예시]

〈나의 문해력 다짐서〉

나는 출근 전 기사 1건 요약으로 핵심 파악력을 키우고,
회의에서는 요약 질문을 통해 맥락을 정리하며,
매주 3회, 회신 메일 훈련으로 커뮤니케이션 감각을 기른다.
나는 매일 1%씩 성장하는 문해력 실천가다.

지금까지 이 책을 따라온 당신은, 문해력에 대해 생각하고, 실천하고, 체화한 사람이다. 그리고 그 경험은 '루틴'이라는 작은 길 위에 놓여 있다. 이제는 당신의 차례이다. 당신만의 문해력 루틴이, 당신만의 성장 경로가 되어 줄 것이다. 문해력은 타고나는 것이 아니다. 매일의 루틴이 그것을 자신의 능력으로 만든다는 것을 잊지 않길 바란다.

[나의 문해력 루틴 선언문]

_____의 다짐서

나는 _____ 시간에,
(루틴 이름: _____)을 실천하며,
_____ 능력을 강화한다.
나는 매일 작게 실천하며 꾸준히 성장하는 문해력 실천가다.

_____년 _____월 _____일
작성자: _____

에필로그

당신의 잠재력을 깨우는 문해력의 힘

지금까지 『청년 문해력 UP』과 함께한 여정을 마친 여러분께 묻고 싶습니다.

이 책을 읽기 전과 지금, 여러분의 말은 어떻게 달라졌나요?
글을 쓸 때, 어떤 기준으로 정리하고 있나요?
회의나 대화에서, 상대의 의도와 분위기를 조금 더 잘 읽을 수 있게 되었나요?

문해력은 단지 책을 잘 읽고 글을 잘 쓰는 기술이 아닙니다. 당신 안에 숨어 있던 생각을 꺼내는 힘, 복잡한 세상 속에서 나만의 기준을 세우는 힘, 의도를 명확히 전달하고, 오해를 줄이며, 관계를 맺는 힘, 그 모든 것이 문해력입니다.

이 책의 여정은 어쩌면 '지금 내 능력이 부족하다'는 인식에서 시작되었을지도 모릅니다. 하지만 마지막 장을 덮는 지금, 우리는 조금은 다르게 말할 수 있습니다.

"나는 매일 작게라도 훈련하고 있고, 그 작은 실천이 나를 바꾸고 있다."

이것이 바로 문해력의 진짜 힘입니다. 나를 바꾸는 힘, 나를 표현하는 힘, 나를 성장시키는 힘. 청년 시기는 수많은 가능성과 불확실성 사이에서 흔들리는 시기입니다. 하지만 한 가지 분명한 건, 문해력을 가진 사람은 흔들려도 무너지지 않는다는 것입니다. 자신의 말과 글, 생각과 행동을 책임지는 사람은 결국 어떤 조직, 어떤 사회에서도 빛이 납니다.

지금까지 읽어 주서서 고맙습니다. 그리고 무엇보다 스스로의 잠재력을 믿고, 키워 가기로 결정한 여러분 자신에게 박수를 보냅니다. 당신의 문해력 여정은 이제부터 시작입니다.

청년 문해력 UP

ⓒ 이화영, 2025

초판 1쇄 발행 2025년 7월 17일

지은이	이화영
펴낸이	이기봉
편집	좋은땅 편집팀
펴낸곳	도서출판 좋은땅
주소	서울특별시 마포구 양화로12길 26 지월드빌딩 (서교동 395-7)
전화	02)374-8616~7
팩스	02)374-8614
이메일	gworldbook@naver.com
홈페이지	www.g-world.co.kr

ISBN 979-11-388-4446-8 (03800)

- 가격은 뒤표지에 있습니다.
- 이 책은 저작권법에 의하여 보호를 받는 저작물이므로 무단 전재와 복제를 금합니다.
- 파본은 구입하신 서점에서 교환해 드립니다.